だいわ文庫

覚えておきたい　美しい大和言葉

日本の言葉研究所

大和書房

はじめに

大和言葉は、日本の風土と日本人の暮らしが言霊《ことだま》となったもの

現在、私たちが慣れ親しんでいる日本語は、大和言葉、漢語、外来語と大きく三つに分けられます。このうち、古来日本に伝えられてきたのが大和言葉です。ある意味では純粋な日本語といえるでしょう。

大和言葉は美しく、優雅で、洒落《しゃれ》た言葉の宝庫です。語感や響きを目と耳で楽しめます。さらに、肌感覚で意味や内容が理解でき、思いも伝わりやすいという美点があります。これは、千年以上にわたる日本人のDNAが込められているからです。

日々の暮らしを振り返ると、私たちの使っている言葉はごく限られたものです。ボキャブラリーがやせているといわれますが、それで事足りてしまうのです。

生きていくうえで不便がなければいいのですが、それだけではさびしいような気もします。せっかく古人が残してくれた珠玉の言葉の数々を味わい、活用してはいかがでしょうか。

よい言葉は、心に彩りと潤いを与えてくれます。さらに実際に使ってみると、豊かな世界が見えてきます。本書では、みなさんにそんな提案をしたいと思います。

「楽しめる、味わえる」、そんな大和言葉を集めました

近年は大和言葉というと、丁寧な言葉づかいや、よそ行きの会話フレーズとして注目されることが多いようです。他人とのコミュニケーションや仕事に役立てるなど、実用的な面で興味が広がっています。たしかにそうした側面もあるのですが、できれば純粋に言葉の持つ魅力を味わい、「いいなあ」と思ったものを実際に口に出してみる。そんな自由なところから、大和言葉との付き合いをはじめてみてはいかがでしょうか。

そこで本書では実用性を少し横に置いて、「聞いたことはあるけれど使い方がわからない」「あまり見かけないが、きれいな響きや語感をもっている」「知らない言葉だけれど、現代語に変換するときれいな言葉になる」など、普段はあまりお目にかからない大和言葉を中心に紹介しています。使える、使えないではなく、心に留まるもの、琴線に触れるもの、そんな基準でみなさんも大和言葉に出合ってください。

本書で紹介している、大和言葉の一例を以下に示します。

美しい言葉　　しなやか　↓　嫋《たを》やか

花が咲く　↓　笑《ゑ》む
火葬される（死ぬ）↓　雲《くも》となる
心の中で恋しく思うこと　↓　心恋《うらごひ》
恋人を待つ夕方　↓　待《ま》つ宵《よひ》

見て、聞いて、すぐに意味がわかる言葉

美人　↓　見目佳《みめよ》し
耳元でささやく　↓　耳擦《みみこす》り、耳打《みみう》つ
メモ帳　↓　留《と》め帳《ちやう》
まっしぐら　↓　面《おもて》も振《ふ》らず
皮肉　↓　当《あ》て言《こと》、ねすり言《ごと》
好意を寄せる　↓　心寄《こころよ》す
ふっくら丸い　↓　円《つぶ》らか

ユニークな言葉

飲み友達　↓　削《けづ》り友達《ともだち》
駆け落ち　↓　走《はし》り夫婦《めうと》

稲 ↓ 秋田実《あきのたのみ》
水玉 ↓ 水鞠《みづまり》
手紙、便り ↓ 雁《かり》の使ひ
雪 ↓ 天花《てんくわ》

語感や響きからイメージをふくらませ、言葉で遊んでみる

本書の上手な使い方、楽しみ方は、その語感、響き、字面をまず堪能することです。そしてお気に入りがあれば、日常の会話やメール、手紙の中にそっと忍ばせてみましょう。文法として正しいかどうかよりも、ひとつのフレーズとして活用し、楽しんでください。遊び心でいいのです。相手に意味が伝わるかどうかは重要ではありません。しかし、言葉のもつパワーが、思いを同じくする人には不思議と伝わるものです。

そうして大和言葉に少しでも興味がもてたら、さらに未知なる言葉を探し求めてください。そこには新しい発見と、知の喜びが待っています。ひとりでも多くの方に、本書がそんなきっかけを与えられれば幸いです。

覚えておきたい 美しい大和言葉　もくじ

第一章　時・季節の言葉

大和言葉	現代語	
天《あま》つ日《ひ》	「太陽」	16
朝《あさ》まだき	「夜明け」	17
彼《あれ》は誰《た》れ時《どき》	「夕方」「夕暮れ」	18
小夜《さよ》	「夜」	19
明《あ》くる今日《けふ》	「明日」	20
弥日異《いやひけ》に	「日ごとに」	21
日並《ひな》み	「毎日」	22
三五月《さんごのつき》	「満月」「名月」「旧暦十五日の月」	23
偃月《えんげつ》	「半月」	24
月籠《つきごも》り	「月末」	25
大暮《おほぐ》れ	「年末」	26
星《ほし》の林《はやし》	「多くの星」	27
雨隠《あまがく》れ	「雨宿り」	28
しめじめ	「雨がしとしと降る様子」	29
朝明《あさけ》の風《かぜ》	「朝の風」	30
追《お》ひ風《て》	「追い風」	31
移《うつ》ろふ	「色（が）褪《あ》せる」	32
思《おも》ひの色《いろ》	「緋色《ひいろ》」	33
年頃《としごろ》	「長い時」「長い年月」	34
一念《いちねん》	「一瞬」「短い時間」	35
行《ゆ》き合《あ》ひ	「季節の変わり目」	36
ささらぐ	「水がさらさらと音をたてて流れる」	37
早乙女《さをとめ》	「田植えをする女性」	38

秋《あき》の鏡草《かがみぐさ》――「朝顔」 39
旧《ふ》り行《ゆ》く――「老いていく」 40
遠人《とほひと》――「長生きの人」 41
限《かぎ》り――「死ぬこと」 42
雲《くも》となる――「火葬される」 43
添《そ》ふ――「結婚する」 44
走《はし》り夫婦《めうと》――「駆け落ち」 45
熱《ほとほ》る――「熱くなる」 46
慌《あわただ》し――「忙しい」 47
明《あ》け暮《く》れ――「いつも」 48
息《いき》の緒《を》――「命」 49
川雉子《かはきぎす》――「蛙」 50
蚊遣《かや》り火《び》――「蚊取り線香」 51
古《いにし》へ――「過去」 52
青嵐《せいらん》（晴嵐《せいらん》）――「霞」 53
勢《いきほ》ふ――「栄える」 54
咲《さ》きすさぶ――「咲き乱れる」 55
向《む》かふ――「進む」 56
空音《そらね》――「空耳」 57
只中《ただなか》――「代表」 58
弛《たゆ》む――「疲れる」 59
差《さ》し合《あ》ふ――「出会う」 60
巧《たく》み――「手際がよい」 61
轟《とどろ》く――「鳴り響く」 62
身籠《みごも》る――「妊娠する」 63
手児《てこ》――「乳幼児」 64
肖《あやか》る――「似る」 65
落《お》ち髪《がみ》――「抜け毛」 66

長路《ながぢ》——「遥かな道」 67
天花《てんくわ》——「雪」 68
心《こころ》の塵《ちり》——「煩悩《ぼんのう》」 69
面《おもて》も振《ふ》らず——「まっしぐら」 70
今《いま》——「まもなく」 71
固《かた》め——「約束」 72
行《ゆ》き方《がた》——「行方《ゆくえ》」 73
名残《なごり》——「余韻」 74
後世《ごせ》——「あの世」 75

第二章　装いの言葉

大和言葉　現代語
見目佳《みめよ》し——「美人」 82
装《よそ》ひ——「服装」 83
出《い》で立《た》ち——「姿」「装い」 84
映《うつ》る（写《うつ》る）——「似合う」 85
生身《しやうじん》——「肉体」 86
始末《しまつ》——「節約」「倹約」 87
繕《つくろ》ふ——「直す」「手入れをする」 88
仕立《した》つ——「衣服を裁ち縫う」「仕立てる」「着物をつくる」 89
婆娑羅《ばさら》——「派手」 90
窶《やつ》す——「変装する」 91
心劣《こころおと》り——「見劣りする」 92
身《み》を成《な》す——「身支度をする」 93
水鞠《みづまり》——「水玉」 94
映《は》え映《ば》えし——「見栄えがする」「輝いて見える」 95

立《た》ち装《よそ》ふ ―― 「美しく装う」 96
色《いろ》ふ ―― 「着飾る」 97

第二章 味わいの言葉

大和言葉 ・ 現代語
執《と》り行《おこな》ふ ―― 「一杯やる」 104
酌《く》む ―― 「お茶やお酒を酌んで飲む」 105
削《けづ》り友《とも》達《だち》 ―― 「酒飲みの友達」 106
ずぶずぶ（づぶづぶ） ―― 「酔いつぶれた様」 107
振《ふ》る舞《ま》ひ ―― 「（ご）馳《ち》走《そう》」 108
尽《つ》くす ―― 「すべてを出す」 109
所《ところ》狭《せ》し ―― 「いっぱい」「あたりに満ちている」 110
煌《きら》めく ―― 「歓待する」 111
心《こころ》行《ゆ》く ―― 「足りる」「満足する」 112
旨《うま》し ―― 「楽しい」 113
持《も》て成《な》す ―― 「振りをする」 114
当《あ》たる ―― 「もてなす」 115
身《み》になる ―― 「栄養になる」 116
五《ご》臓《ざう》六《ろっ》腑《ぷ》 ―― 「内臓」 117
労《いたづ》く ―― 「病む」「病気になる」 119
労《いたは》る ―― 「治療する」 118
切《き》る ―― 「尽きる」 120
打《う》つ ―― 「耕す」 121
秋田実《あきのたのみ》 ―― 「稲」 122
屯《とん》食《じき》 ―― 「握り飯」 123
肉《しし》置《お》き ―― 「肉付き」 124
春《はる》告《つげ》魚《うお》 ―― 「鰊《にしん》」 125

認《したた》む――「飲食する」126
円《つぶ》らか――「ふっくらしている」127
餉《かれいひ》(かれひ)――「弁当」128
被《かづ》け物《もの》――「ご褒美」129
可惜《あたら》し(惜《あたら》し)――「もったいない」130
我酒《がざけ》――「やけ酒」131

第四章 住まい・暮らしの言葉

大和言葉 現代語
終《つひ》の住処《すみか》――「死後に落ち着く所」138
営《いとな》み出《い》だす――「つくる」「つくり上げる」139
漫《すず》ろ歩《あり》き――「散歩」140
笑《ゑ》む――「(花が)咲く」141
忘《わす》れ花《ばな》――「季節に遅れて咲く花」142
道《みち》も狭《せ》に――「道いっぱいに」143
夥《おびただ》し――「(建物などが)立派」144
取《と》り置《お》く――「片付ける」145
凜《りん》と――「きちんと」146
朝夕事《あさゆふごと》――「暮らし」147
耳《みみ》を借《か》る――「耳元でささやく」148
初立《うひだ》つ――「巣立つ」149
浮《う》き世《よ》を立《た》つ――「生計を立てる」150
雁《かり》の使《つか》ひ――「便り」「手紙」151
形《かた》――「担保」152
付《つ》き付《づ》きし――「調和している」153
出《い》で立《た》ち――「旅立ち」154
道中《だうちゅう》――「旅の途中」156

道《みち》行《ゆ》き――「道中（旅の途中）」156
玉《たま》水《みづ》――「清水」157
勤《いそ》しむ――「勤める」158
湯《ゆ》浴《あ》み――「入浴」159
無《む》徳《とく》――「みすぼらしいこと」160
便《びん》無《な》し――「不便」161
雪《せつ》隠《いん》（せっちん）――「トイレ」「便所」162
方《かた》――「方向」「方角」163
御《ご》幣《へい》を担《かつ》ぐ――「迷信を気にする」164
留《と》め帳《ちやう》――「メモ帳」165
潤《うるほ》ふ――「暮らしが楽になる」166
流《さす》離《ら》ふ――「流浪する」167
仕《し》付《つ》け――「礼儀作法」168
手《て》習《なら》ひ――「練習」169
奢《おご》り費《つひ》やす――「浪費する」170
車《くるま》返《がへ》し――「危険な所」「難所」171
巷《ちまた》――「分かれ道」172
配《くば》る――「分け与える」173

第五章　思いの言葉

大和言葉　現代語
待《ま》つ宵《よひ》――「恋人を待つ夕方」180
涙《なみだ》にむす――「涙で声がむせる」181
霧《き》る――「涙で目がかすむ」182
心《こころ》妻《づま》――「愛する妻」183
うるせし――「気がきく」184
心《こころ》長《なが》し――「気が長い」185

恋草《こひぐさ》――「恋心」 186
心恋《うらごひ》――「心の中で恋しく思うこと」 187
心《こころ》に乗《の》る――「心から離れない」「絶えず心にある」 188
笑《ゑ》み笑《ゑ》み――「にこにこ」 189
蜂吹《はちぶ》く――「ふくれっ面《つら》でブツブツ言う」 190
おいらか――「落ち着いている」 191
奥床《おくゆか》し――「知りたい」 192
しゃなり声《ごゑ》――「怒鳴り声」 193
思《おも》ひ放《はな》つ――「愛想をつかす」 194
入《い》り揉《も》む――「祈る」 195
美《いつく》し――「美しい」 196
思《おも》ひ見《み》る――「思いを巡らす」 197
敢《あ》へ無《な》し――「がっかり」 198
観念《くわんねん》――「覚悟」 199
匿《しな》む――「隠す」 200
恨《うら》み――「悲しみ」 201
頑《かたくな》――「頑固」 202
燃《も》え焦《こ》がる――「恋い焦がれる」 203
心寄《こころよ》す――「好意を寄せる」 204
思《おも》ひ苦《ぐる》し――「苦しい」 205
心化粧《こころげさう》――「心がけ」 206
思《おも》ひ解《と》く――「悟る」 207
思《おも》ひ限《かぎ》る――「あきらめる」 208
気丈《きぢやう》――「気持ちがしっかりしている」 209
嫋《たを》やか――「しなやか」 210
甚《いた》し――「素晴らしい」 211
松《まつ》の葉《は》――「寸志」 212
面起《おもてお》こし――「雪辱《せつじょく》」 213

憂《う》し——「切ない」 214
思《おも》ひ遣《や》る——「想像する」 215
傅《かしづ》く——「大事に育てる」 216
尊《たふと》し——「大切だ」 217
庇《たば》ふ——「助ける」 218
心《こころ》置《お》く——「注意する」「用心する」 219
あいなし——「つまらない」 220
叶《かな》はず——「手に負えない」 221
掌《たなごころ》——「手のひら」 222
綻《ほころ》ぶ——「緊張が解ける」 223
酢《す》の蒟《こん》蒻《にゃく》の——「なんだかんだと」 224
思《おも》ひ——「悩み」 225
そこはかと——「なんとなく」 226
時《し》雨《ぐ》る——「涙で濡れる」 227
宿《しゅく》意《い》——「かねてからの望み」 228
挑《いど》む——「張り合う」 229
面《つら》打《う》ち——「皮肉」 230
事《こと》無《な》し——「無事」 231
固《かた》む——「しっかり守る」 232
阿《あ》漕《こぎ》——「無慈悲」 233
相《あひ》語《かた》らふ——「交際する」 234
口《くち》遊《ずさ》び——「話題」「噂」 235
利《き》く——「役に立つ」 236
立《た》ち添《そ》ふ——「寄《よ》り添《そ》う」 236

日本の四季の言葉
春 77 夏 98 秋 132 冬 174

第一章

時・季節の言葉

天《あま》つ日《ひ》

こんなときに…

水平線から天つ日が昇る光景は圧巻でした。

「太陽」

「天《あま》つ」は、天の〜、を意味します。「天《あま》つ空《そら》」といえば大空のことです。

太陽をさす言葉はほかにも「日輪《にちりん》」「天道《てんとう》」などがあります。天道は「お天とうさまに申し訳ない」の天道です。

太陽に関する言葉で印象的なのが「豊栄昇《とよさかのぼ》り」。朝日が美しく輝いて、大きく昇ることをいいます。いかにもおめでたく、陽光の勢い、夜明けの力強さを感じさせる言葉です。

朝《あさ》まだき

こんなときに…

朝まだき、爽やかな空気を吸いに外へ出た。

「夜明け」

「朝まだき」は、夜の明けきらぬ頃、早朝のこと。「まだき」は、まだ早くの意。

夜明けを表す言葉には、このように夜から朝への時間の流れを、細かく描写したものがあります。「白白明け《しらしらあけ》」は、夜がだんだんと白んで明けていく様子。「明け暗《あけぐれ》」は、夜明け前の薄暗い感じを表しています。

いずれも、古人の繊細な観察眼から生まれた言葉です。

彼《あれ》は誰《た》れ時《どき》

こんなときに…

彼は誰れ時になると、風が冷たい季節になりました。

「夕方」「夕暮れ」

薄暗くてあれは誰なのか見極めにくい時、という意味から、夕方や夕暮れを表します。暮らしの実感がそのまま言葉になったようです。夕方を意味する言葉には「暮《く》れ合《あ》ふ」「雀色時《すずめいろどき》」などもあります。現代でも耳にするのが「逢《あ》ふ魔《ま》が時《どき》」。夕方の薄暗い頃をいい、災いが起こりやすい時間、という意味もあります。電気のない昔の、夕暮れ時の暗さと不気味さが伝わってきます。

小夜《さよ》

こんなときに…

小夜、もだいぶ更けてきました。

「夜」

夜を表す言葉には「小夜」のほか、「夜《よ》さり」などがあります。「さる（り）」はやって来るという意味。

「小夜中《さよなか》」となると夜中、真夜中をさし、「降《くた》ち」「人定《にんぢゃう》」などが同じ意味に。「人定」は、人の寝静まる時刻をさします。

夜に関する言葉で、「眺《なが》め明《あ》かす」は、物思いにふけりながら夜を明かすこと。静かな夜のひとコマをイメージさせる言葉です。

明《あ》くる今日《けふ》

こんなときに…

明、、、くる今日、
お目にかかりましょう。

「明日」

「明《あ》くる」には、その次の、翌などの意味があり、今日の次の日なので明日ということになります。「明くるつとめて」といえば、翌日の早朝のことになります。

どこかに古語の奥ゆかしさのような響きがあり、使ってみたくなる言葉です。

明日を意味する言葉には「来《く》る日《ひ》」「又《また》の日《ひ》」などもあります。ちなみに「又《また》の年《とし》」は翌年、「又《また》の夜《よ》」は翌日の夜のことです。

弥《いや》日《ひ》異《け》に

こんなときに…

弥日異に夜明けが早くなっていきます。

「日ごとに」

日増しに、日ごとに、一日一日変わって、などの意味をもつ言葉です。

「弥年《いやとし》に」といえば年ごとに、毎年、をさします。

「日《ひ》にけに」も日増しに、毎日などをさす言葉です。「日日並《かがな》べて」は日々を並べるということから、日数を重ねて、の意味になります。

日々が確実に過ぎていく、手ごたえのようなものを感じる言葉たちです。

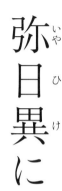

日《ひ》並《な》み

こんなときに…

仕事づけの日、並み、みです。

「毎日」

「日並み」には毎日、連日のほか、毎日〜する、日のよし悪し、などの意味もあります。ちなみに、一日おきの隔日は「一日交《ひとひま》ぜ」といいます。

日並みが積み重なり、いつしか長い年月が過ぎていきます。それを実感できる言葉が「日《ひ》に添《そ》えて」。

日が経つにつれて〜となる、という意味で、日々に寄り添うように歩むことが、暮らしであることを感じさせます。

三《さん》五《ごの》月《つき》

こんなときに…

今夜は、三五月ですね。

「満月」「名月」「旧暦十五日の月」

旧暦は月の運行を基準につくられた暦なので、日によって月齢（月の形）が決まっていました。毎月一日が新月で、十五日前後に満月を迎えます。

満月を「三五月」というのは、三と五をかけて十五になることから、十五日の夜の月、つまり満月を呼ぶようになったとか。とくに名月として名高い、旧暦八月十五日の月をさすこともあります。

偃《えん》月《げつ》

こんなときに…

今宵の偃月、月は、上弦の月です。

「半月」

半月をさす言葉にはほかにも、半分になった月なので「片割《かたわ》れ月《づき》」や、弓を張ったような形から「弓張《ゆみは》り月《づき》」などがあります。

旧暦の毎月八日前後が上弦の月、二十三日前後が下弦の月となります。

「半《なか》ばの月《つき》」も半月のことをさしますが、これは新月と満月のちょうど半ばの時期に出る月、ということです。

月《つき》籠《ごも》り

（月隠り）

こんなときに…

そろそろ月籠りなので
忙しくなります。

「月末」

月齢が決まっていた旧暦では、月末になると月が隠れる（籠《こも》る）ことから「月籠り」に。同じく「月尻《つきじり》」も、月末を表すことがわかりやすい言葉です。

「下《しも》の十日《とをか》」は、月の下旬を表す言葉です。「晦日《つごもり》」は月末の頃のほか、月の最終日、つまり晦日《みそか》のことをいいます。

晦日は毎月ありますが、とくに大きな節目となる12月の最終日を大晦日《おおみそか》といいます。

大《おほ》暮《ぐ》れ

こんなときに…

大暮れは浮き足立ち、

気分がせわしない。

「年末」

時間的に最終の意を表す「大」が含まれた「大暮れ」には、これで年の終わり、しめくくり、といった感じがあります。

「歳晩《さいばん》」「節季《せっき》」「暮《く》れ果《は》つ」なども、押し詰まった年の瀬のことです。

「春《はる》の隣《となり》」も、春に近い季節ということで年末を表します。旧暦では正月から春になります。年賀状に初春などと書くのは、その名残《なごり》です。

星《ほし》の林《はやし》

こんなときに…

星の林が満天に広がっています。

「多くの星」

多くの星が集まっている様子を、林にたとえた言葉です。こぼれるほどの煌めきが、夜空いっぱいに広がるような、浪漫を感じる響きです。

万葉集には、「天の海に　雲の波立ち　月の船　星の林に漕ぎ隠る見ゆ」という柿本人麻呂《かきのもとのひとまろ》の有名な歌があります。天を海に見立て、月の船が雲の波をぬいながら、林のような星の集まりの中へ隠れていく、という壮大なスケールの叙景詩です。

雨《あま》隠《がく》れ

こんなときに…

急な雨に降られたので、駅で雨隠れしていました。

「雨宿り」

雨を避けること、雨宿りを「雨隠れ」といいます。雨から身を隠す様子を、そのまま表しています。

「笠《かさ》宿《やど》り」も、軒下や木陰で雨宿りすることを表す言葉です。傘ではなく笠というところに時代を感じます。

雨にまつわる言葉では、雨だれをさす「雨《あま》滴《しだ》り」や、雨だれの落ちる場所をさす「雨《あま》打《う》ち」「雨《あま》落《お》ち」などが印象的です。

しめじめ

こんなときに…

いい、しめじめと雨が降っている。

「雨がしとしと降る様子」

しっとりと雨が降る様子や雨が降りしきる様を表します。しめやか、しんみり、といった状態をさす場合も。いかにも静かな雨が降り続く光景が浮かんでくるようです。

降りつのる、一段と激しく降ることを「降《ふ》り増《ま》さる」、しょぼしょぼ降る様子は「そぼそぼ」。そして、今ならさしずめゲリラ豪雨でしょうか、一時的な大雨を「一絞《ひとしぼ》り」といいます。

朝《あさ》明《け》の風《かぜ》

こんなときに…

高原の朝明の風は、

爽やかでした。

「朝の風」

朝、明け方の風をさします。「朝明《あさけ》」の響きがみずみずしさと爽やかさを運んでくれます。「朝羽振《あさはふ》る」は、朝に鳥が羽ばたく様子を、風が吹くことのたとえにしています。古人ならではの感性を感じます。

万葉集に「秋立ちて 幾日いくかもあらねば この寝ぬる 朝《あさ》明《け》の風は 手本《たもと》寒しも」という安貴王《あきのおおきみ》の歌があります。秋に入り、朝の風は袂に寒い、と初秋の朝の心情を歌っています。

追《お》ひ風《て》

こんなときに…

向かい風から、
追ひ風に変わりました。

「追い風」

順風、追い風を表します。「時津風《ときつかぜ》」も同じく順風の意味で、こちらには潮が満ちてくるときに吹く風、という意味もあります。

風の名前でユニークなのは、暴風や突風を表す「邪風《よこしまかぜ》」。つむじ風や旋風をいう「天狗風《てんぐかぜ》」など。

ネーミングの妙で、いかにもやっかいな風であることがひと目でわかります。

移《うつ》ろふ

こんなときに…

華やかな花の色が日に日に移ろふ。

「色（が）褪《あ》せる」

「移ろふ」は色が褪せる、色がさめる、という意味とともに、色づくという反対の意味ももっています。

盛りに向かうときと、衰えていくとき、どちらの時間の流れも表すことのできる言葉です。

同じ意味の言葉では、「褪《あ》す」は色がさめる、色が薄く淡くなること。「返《かへ》る」は染めた色がさめる、色が褪せることを、それぞれさしています。

思《おも》ひの色《いろ》

こんなときに…

新緑の中に、彼女の思ひの色のスカーフが映えています。

「緋色《ひいろ》」

緋色は濃い朱色、深紅色です。思ひの「ひ」を「緋」にかけて緋色を表すようになったとか。また、心に思っていること、恋い慕う様子という意味もあり、どこかやわらかな手触りがある言葉です。

このほかにも「千草色《ちくさいろ》」は萌黄色、薄い黄緑色。「花色《はないろ》」は薄い藍色で、「花色《はないろ》衣《ごろも》」といえば咲いた花を衣に見立てて、その美しさを表します。

年《とし》頃《ごろ》

こんなときに…

休まず勤め続けたこの年頃を思うと、感無量です。

「長い時」「長い年月」

数年来、長い年月、といった意味です。思春期や適齢期をさす、現代の使い方とは異なるようです。

同じ意味をもつ言葉には「数《あま》多《た》年《とし》」「年《とし》久《ひさ》に」などがあります。「千《ち》五《い》百《ほ》秋《あき》」「長《なが》五《い》百《ほ》秋《あき》」は、限りなく多くの年月、千年万年、永遠を表します。字面からも、スケールの大きな時の流れが伝わるようです。

一念《いちねん》

こんなときに…

この一念にかけて、力を出しきります。

「一瞬」「短い時間」

きわめて短い時間、一瞬をさします。急に思い立って事を起こすことを「一念発起《いちねんほっき》」と現代でもいっています。

「一時《いっとき》」は、わずかな時間、しばらくの間といった意味をもつ言葉。「寸陰《すんいん》」は一寸の光陰の意で、わずかな時間のことです。

「玉響《たまゆら》」は、玉がゆらいで触れ合うかすかな音、が転じて、しばし、しばらく、の意になったとか。目でも耳でも奥ゆかしさを感じる言葉です。

行《ゆ》き合《あ》ひ

こんなときに…

行き合ひらしく、
気候の変化もめまぐるしい。

「季節の変わり目」

相前後するふたつの季節が出合うこと、という意味から、季節の変わり目を表します。もともと出会うこと、という意味も。

過ぎた季節を送り、新しい季節を迎える一抹のさびしさが、「行き合ひ」という言葉から感じられます。

「行《ゆ》き合《あ》ひの空《そら》」は、七夕の夜に牽牛《けんぎゅう》と織女《おりひめ》のふたつの星が出合う空のこと。さらに、夏と秋の境目の頃の空をもさします。

ささらぐ

こんなときに…

小川のささらぐ様子を
見ていると、心が和みます。

「水がさらさらと音をたてて流れる」

せせらぐ、といった意味の言葉。さらさら流れる水や、音をたてて流れる水をさす「細《ささ》れ水《みづ》」と似たようなニュアンスです。いずれも、流れをひとまたぎできそうな、浅い小川といった風情です。

そんな人目にもとまらないような流れを「隠《こもり》水《づ》（隠《こも》り津《づ》）」といいます。そこにだけ淡々と時が流れる、静謐《せいひつ》な空間を感じさせる響きです。

早《さ》乙《をと》女《め》

こんなときに…

観光イベントとして、早乙女が田植えをするそうです。

「田植えをする女性」

「早乙女」は、夏の季語にもなっています。紺絣《こんがすり》の着物に菅笠《すげがさ》、赤いたすきを掛けたいでたちは初夏の風物詩でもありました。青空の下、爽やかな風に吹かれて作業する乙女たちの姿が浮かぶようです。

この頃の山の様子を表す印象的な言葉が「青瑞山《あをみづやま》」です。青葉のみずみずしい山の意で、生命力にあふれた、滴《したた》るような生気が伝わってきます。

秋《あき》の鏡《かがみ》草《ぐさ》

こんなときに…

今朝、秋の鏡草がひっそり庭に咲いていました。

「朝顔」

朝顔にはほかにも「牽牛子《けにごし》」「東雲草《しののめぐさ》」などの異名があります。桔梗《ききょう》の古称にも「朝顔《あさがほ》」が使われています。

秋の草花で美しい古称をもつのは、女郎花《おみなえし》の「思《おも》ひ草《ぐさ》」。薄《すすき》や桜のことをさすなど諸説あるようです。

また、菊には「契草《ちぎりぐさ》」「秋敷《あきし》くの花《はな》」「秋無草《あきなぐさ》」など、多くの異称があります。

旧《ふ》り行《ゆ》く

こんなときに…

人は誰もが
い、い、
旧り行くものです。

「老いていく」

古びていく、自然に老いる、の意も。「旧《ふ》る」は、昔のものとなる、古くなる、年老いるなどをさします。

「ねぶ」も年をとる、ふけるといった意味で、「ねび人」といえば老人をさします。

老いることを「老《お》いの波《なみ》」ともいいますが、この言葉には皺《しわ》という意味も。年老いて顔に皺がよった様子を波にたとえたようです。こんな美しい呼び方ならば、皺も気になりません。

遠《とほ》人《ひと》

こんなときに…

遠人にあやかり、私も食事に気をつけます。

「長生きの人」

長命の人、高齢者をいいます。「長《なが》人《ひと》」も同じ意味です。遠く長く、文字の印象からも長寿を表すことがうかがえます。

長生きすることを「瑞《みづ》歯《は》含《ぐ》む」といいますが、「瑞歯」とは、年をとって歯が抜け落ちた後に、再び生える歯のことで、長寿の証とされたとか。

不老不死の国は「常《とこ》世《よ》の国《くに》」、不老不死の薬は「仙薬」といい、これを飲めば仙人になれるとか。

限《かぎ》り

こんなときに…

あの人がこんなに早く
い、
限りになるとは。

「死ぬこと」

臨終、最期などの意。「限《かぎ》りある道《みち》」といえば、無限に続くことの許されない道、転じて死をさします。人の宿命を表す、重く、そしてせつない言葉です。「帰《かへ》らぬ旅《たび》」や「帰《かへ》らぬ道《みち》」も同様の意味。「別《わか》れ路《ぢ》」は死別をさし、亡き人がこの世と別れていく道です。

死に関する言葉は、どれも無常観とさびしさを漂わせています。

雲《くも》となる

こんなときに…

昨日、夫は
雲となりました。

「火葬される」

火葬の煙を雲に見たてた美しい言葉です。婉曲に死を意味していますが、そこに暗さはありません。

亡き人の魂が大空に昇華していくような、明るく透明な哀しさと美しさをもっています。

「煙《けぶ》る」にも同じ意味があり、「終《つひ》の煙《けぶり》」といえば火葬の煙のことです。古人は立ちのぼる煙に、亡き人の姿を重ねていたのでしょうか。

添《そ》ふ

こんなときに…

彼と添ふことになるとは、
思ってもいませんでした。

「結婚する」

夫婦として暮らす、連れ添うなどの意味もあります。現代でも「添い遂げる」などの言い回しを耳にします。

夫婦の縁のことを「二世《にせ》の縁」といいます。これは、親子は一世、夫婦は二世、主従は三世の縁がある、というい にしえの思想からきた言葉です。

結婚したふたりは、来世でも夫婦になる深い縁で結ばれているわけです。

走《はし》り夫婦《めうと》

こんなときに…

走り夫婦なんて、
過去の時代のことです。

「駆け落ち」

結婚に関するおかしみのある言葉をいくつか。駆け落ちを「走《はし》り夫婦《めうと》」とは、言い得て妙です。人目を忍び、取る物もとりあえず逃げる姿が浮かびます。

求婚することを「妻問《つまど》ふ」といい、相手に言い寄る様が想像できます。

離婚するときの手紙は「切《き》れ文《ぶみ》」、妻を離別するときに、夫が渡す離縁状が「去《さ》り状《じゃう》」です。切る、去る。スパッとした割り切りのよさが笑えます。

熱《ほとほ》る

こんなときに…

ついつい夢中になって、
説明が熱い、熱る。

「熱くなる」

熱気を発する、熱が出るなどのほか、腹をたてるという意味もあります。「熱《ほとほ》り」には熱いという意味がありますが、現代では人の感情が尾を引いたり、関心が高まっていたりする様を表し、「ほとぼりが冷める頃だ」などと使われます。

「ほめく」には、似たような言葉で、火照《ほて》る、熱するなどの意味があります。「燃《も》ゆ」は情熱が盛んに起こることで、体の中から湧き上がるような熱気です。

慌《あわ》し《ただ》

こんなときに…

先週に続いて、今週も慌しい。

「忙しい」

気がせいている、気分が落ち着かないという意味の言葉です。現代とほぼ同じような使い方をしたようです。「暇無《いとな》し」も暇がないの意から、忙しいことを表します。

急がせること、催促することを「責付《せつ》く（せっつく）」というのも、現代に通じるようです。忙しい様子を表す「ほつほつ」は、今の感覚なら「ふうふう」。「バタバタでほつほつ言っていました」という感じです。

明《あ》け暮《く》れ

こんなときに…

明け暮れ、あなたの幸せを願うのが親心です。

「いつも」

夜明けと夕暮れが転じて、明けても暮れても、いつも、常に、といった意味になります。「朝《あさ》な夕《ゆふ》な」という表現もあります。「起《お》き臥《ふ》し」は、起きても寝ても、いつも、の意です。どれも生活感のある飾らない言葉の中に、ひたむきさが感じられます。

そんな思いがさらに募ったのが「片《かた》時《とき》去《さ》らず」。少しの間もやめることなく、という思いつめた状態を表しています。

息《いき》の緒《を》

こんなときに…

大病をしてから、息の緒の大切さが身に染みました。

「命」

生命を表します。「緒」は途切れずに長く続いているもの、の意。「息の緒に」といえば、命がけで、命の限り、などをさします。

命を表す言葉には「寿《ことぶき》」「松の齢《よはひ》」などがあります。どちらも長寿という意味もある、おめでたい言葉です。

その反対の、薄命の人は「泡沫人《うたかたびと》」。短い一生を水面に浮かんでは消える泡にたとえ、その儚《はかな》さを表しています。

川《かは》雉《きぎ》子《す》

こんなときに…

雨の中、
川雉子が鳴いています。

「蛙」

松尾芭蕉《まつおばしょう》の名句「古池や蛙《かはづ》とびこむ水の音」から、「蛙」の呼び方が親しまれていますが、「川雉子」という呼び名も。「雉《きぎ》子《す》」は鳥の雉《きじ》の古名です。

おたまじゃくしは「蝌蚪《くわと》」「蛙子《かへるご》」といいます。蛙と同じく、雨の季節が似合うかたつむりのことは「蝸牛《くわぎう》」といいます。明治の文豪・幸田露伴《こうだろはん》は、東京・向島にあった自宅を蝸牛庵と名付けました。

蚊《か》遣《や》り火《び》

こんなときに…

蚊遣り火を焚いて、夕涼みしましょう。

「蚊取り線香」

蚊取り線香には「蚊燻《かいぶ》し」「蚊火《かび》」などの呼称もあります。現代の呼び方よりも「蚊遣り火」のほうが、より風情が感じられるかもしれません。

同じく夏にふさわしいものをいくつか。すだれは「簾《す》」「小簾《をす》」といい、美しいすだれを「玉簾《たますだれ》」といいます。風鈴は「風箏《ふうそう》」「風鐸《ふうたく》」。

夕立が降ることを「夕立《ゆふだ》つ」といいます。

古《いにし》へ

こんなときに…

古へに見た景色と、まるで変わってしまいました。

「過去」

過ぎ去った時のほか、昔、古い時代などを表します。「古《いにし》へ語《がた》り」は、昔話。「古《いにし》へ人《びと》」は、昔なじみの人や過去の配偶者のことです。

このほか、同じ意味の言葉には「過《す》ぐ世《よ》」「先先《さきざき》」「来《こ》し方《かた》」などがあります。

「来《こ》し方《かた》行《ゆ》く末《すゑ》」といえば、過去と未来。人生を振り返るときなどに、現代でも使われる表現です。

青《せい》嵐《らん》

（晴《せい》嵐《らん》）

こんなときに…

山裾に青嵐が
たなびいている。

「霞」

おもに青々とした山の気を表します。春の野の霞とはやや異なる、山の清冽な空気が感じられる言葉です。「気《き》」も霞のことをさしますが、空気や霧のこともさします。

一面にかすみ渡ることを「霞《かすみ》敷《し》く」や「霞《かすみ》合《あ》ふ」といいます。ちなみに、「霧《き》り塞《ふた》がる」は立ち込めた霧で視界を妨げられた状態ですが、涙でものがかすんで見えるときにも使われます。

勢《いきほ》ふ

こんなときに…

あの会社は、まだまだ勢ふ一方だ。

「栄える」

力が盛んになって活気づく、などの意味をもちます。「時《とき》めく」や「花《はな》めく」も、時流にのって栄えることを表します。いずれの言葉にも躍動感や華やかさがあり、ノリにノッている様子がうかがえます。

対して「衰える」ことを表す「褪《あ》す」「移《うつ》ろふ」「末枯《すが》る」には、どれも勢いがありません。

いつか盛りは過ぎる定め、そんなむなしさを感じさせます。

咲《さ》きすさぶ

こんなときに…

山桜が咲き、す、さ、ぶ、様子は、独特の趣がありました。

「咲き乱れる」

「すさぶ」には程度がはなはだしくなる、という意味があります。花が盛んに咲く様を表す言葉です。

花の一生を追ってみると、花がほころぶ「紐解《ひもと》く」に始まり、花が咲き出す「咲《さ》き出《い》づ」、花が咲く「花立《はなだ》つ」、そして「咲きすさぶ」となるのでしょうか。まるで花が人であるような、愛情いっぱいの優しい表現が目立ちます。

*花が咲く「笑《え》む」↓141頁

向《む》かふ

こんなときに…

雨で視界が狭いので、ゆっくり向かいかふことにします。

「進む」

「向《む》かふ」には、ある目的地をめざして出向く、おもむくなどの意味があります。現代の言葉づかいにも近い感覚がありそうです。

どんどん進む様子は「行《ゆ》き遣《や》る」「行《ゆ》き行《ゆ》く」と表現し、反対に停滞する場合は「淀《よど》む」といいます。

支障なく物事が運ぶときは「さらりと〜」といい、すんなり進んでいる状況をうまく表しています。

空《そら》音《ね》

こんなときに…

すみません、今のは私の空音でした。

「空耳」

実際にはない音があるように聞こえる、幻聴のこと。「空耳《そらみみ》」という同じ意味の古語もあり、こちらには「聞かぬふりをすること」という意も。

嘘や偽りなどの意味ももつ「空《そら》」が付く言葉はユニークなものが多く、「空軽薄《そらけいはく》」は心にもないお世辞のこと。「空騒《そらさわ》ぎ」はそのままずばり、空騒《からさわ》ぎのことです。「空日照《そらほで》り」は、空に夕焼けが赤く出ることをいいます。

只中《ただなか》

こんなときに…

日本のアスリートの只中、といえる選手のひとりです。

「代表」

代表のほか、随一、中心といった意味も。現代でも「青春の真っただ中」などと表現するのは、真ん中の意味からでしょうか。いかにも物事の核になり、多くの人から関心を集める様子がわかる言葉です。その逆で傍流など、目立たないことは「物《もの》げ無《な》し」といい、目立たない人は「有り無し人」。いるのかいないのかわからない人、と表現します。この落差の大きさは、現代社会にも通じている？

弛《たゆ》む

こんなときに…

細かくて、根気のいる、
弛む仕事でした。

「疲れる」

だるくなる、気持ちが弛《ゆる》む、油断するなどの意も。現代では張っていたものが弛む意味に用いられますが、どこか通じるものがあります。

疲れを表す言葉では、「喘《あは》く（あへく）」は喘《あえ》ぎ疲れること。「粉《こ》になる」は身が粉《こな》になるほど働くという意から、骨が折れる、疲労するといった意味です。立ち仕事で足がだるいときは「立《た》ち煩《わづら》ふ」。こちらは立ちくたびれる、の意があります。

差《さ》し合《あ》ふ

こんなときに…

こうしてあなたと
差し合ふことが運命です。

「出会う」

ふたつのものごとが出合い、衝突し、重なり合うという意味から、出会う、行き合う、などを表します。「行《ゆ》き合《あ》ふ」や「見《み》え逢《あ》ふ」も出会うの意。人と人が目と目でコミュニケーションをとる様子がわかる言葉たちです。

別れを表す言葉には「手放《たばな》れ」「名残《なごり》」などがあり、こちらも状況をうまく言い表しています。「名残《なごり》の涙《なみだ》」は、離別の心残りを惜しんで流す涙です。

巧《たく》み

こんなときに…

ベテランの職人さんばかりで、さすがに巧みな印象でした。

「手際がよい」

ものの出来がよい様子、手際がよい様子などを表す言葉です。「術《すべ》よく」も手際よく、の意。「術《すべ》」は手段や方法、手だてのことです。このふたつの言葉づかいは、現代の感覚でも通じるようです。

ちなみに「巧《たく》み鳥《どり》」といえば、ミソサザイの別名。巣をつくるのが巧みなことから、その名があるとか。冬の季語にもなっている小鳥で、澄みとおった声が親しまれています。

轟《とどろ》く

こんなときに…

薄暗い空に
雷鳴が轟く。

「鳴り響く」

鳴動する、ごろごろと鳴り響く、などを表す言葉です。雷が鳴る様子を表しているようです。「響《とよ》む」「響《どよ》めく」も鳴り響かせる、という意。

ちなみに夏の風物詩である雷は、「いかづち」「鳴《な》る神《かみ》」「光《ひか》る神《かみ》」などと呼ばれていました。

現代語の「響《ひび》く」を表す古語は「澄《す》み昇《のぼ》る」。音調が澄んで高く響く、音色がさえる、といった様子をさします。

身《み》籠《ご》もる

こんなときに…

最愛の人の子を身籠ること
ができて、彼女は幸せです。

「妊娠する」

現代でも比較的使われる言葉ですが、もうひとつの命を胎内に宿す感じが出ています。「つはる」には妊娠する、悪阻《つわり》が起こるのほか、木などが芽ぐむこと、兆しが見えること、という関連した意味もあります。

妊娠のことは「身持《みも》ち」。赤ちゃんに産湯をつかわせることを「迎《むか》へ湯《ゆ》」といい、生まれてきた子どもを、みんなで歓迎するような明るい響きがあります。

手《て》児《こ》

こんなときに…

お母さんの腕に手児が
しっかり抱かれていました。

「乳幼児」

親の手に抱かれる幼児、赤ちゃんをさす言葉。愛情いっぱいに見守られている赤子の姿が想像できる言葉です。「若子《わくご》」も幼児、乳児のことです。

小さな子どもを、植物になぞらえた言葉が印象的です。草木が芽を出したばかりの二枚の葉を意味する「二葉《ふたば》」、春の初めに萌え出る若草を意味する「初草《はつくさ》」、いずれも幼い子どもをたとえていう言葉です。

肖《あやか》る

こんなときに…

親に肖るのは、しょうがない。

「似る」

似る、人や物に感化されて同じようになること、の意。同じ意味で「通《かよ》ふ」という言葉は、どこか似ていて通じるところがある、ということです。こちらは今の感覚でも、なんとなく「似る」につながるようです。

人や物をまねる、そっくりにつくるのは「写《うつ》す」「象《かたど》る」といいます。ものまねや人まねをすることは「物学《ものまね》び」。そうすると「モノまねび歌合戦」となるのでしょうか。

落《お》ち髪《がみ》

こんなときに…

最近は落ち、落ち髪が目立つようになりました。

「抜け毛」

抜け落ちた頭髪をいいます。抜け毛ではストレート過ぎますが、「落ち髪」なら上品で洒落た響きがあります。

同じく年齢とともに目立つものとして白髪がありますが、これも「雪《ゆき》」や「霜《しも》」と古語で表現すれば、マイナスイメージはありません。白髪の白さを雪や霜にたとえ、齢を重ねることを美しいことに思わせる古人の知恵。今ならさしずめ、心のエイジングケアでしょうか。

長《なが》路《ぢ》

こんなときに…

来し方を振り返れば、
私の人生は長路のようです。

「遥かな道」

長い道のり、遠路。旅の途中や、人生を顧みるようなとき、使ってみたい言葉です。「千《ち》里《さと》」も同じ意味です。

とくに、人生の道ゆきはいつも平坦で、真っ直ぐとは限りません。幾重にも折り曲がった坂道「葛《つづら》折《を》り」や、山道の頂上「峠《たむけ》」を越えることもあります。楽をしようと近道＝「直《すぐ》道《みち》」をすれば道に迷い、行ったり来たり＝「徘《たもと》徊《ほ》る」ことで、かえって遠回りすることになります。

天《てん》花《くわ》

こんなときに…

冬空から天花が
舞い降りてきました。

「雪」

雪のこと。舞い降りる雪が天からの贈り物のように感じさせてくれます。「六《む》つの花《はな》」は、雪の結晶を六弁の花にたとえた雪の異称です。

薄く積もった雪は「淡雪《あはゆき》」、深く積もった雪は「深雪《みゆき》」。どれも美しい響きをもっています。

ちなみに、雪だるまのことは「雪仏《ゆきぼとけ》」、雪合戦は「雪打《ゆきう》ち」といいます。聞いたことはなくとも、感覚として理解できそうな言葉たちです。

心《こころ》の塵《ちり》

こんなときに…

凡夫は心の塵を
なかなか捨てきれません。

「煩《ぼん》悩《のう》」

心のけがれ、煩悩を意味します。俗念が渦巻く心の中にたまる塵のようなものを煩悩とは、言い得て妙です。百八つの煩悩を払う除夜の鐘は、心の大掃除なのかもしれません。

「愛《あい》染《ぜん》」は深く愛し執着する心や煩悩を、「夢《ゆめ》」「濁《にご》り」も煩悩という意味をもちます。「濁《にご》りに染《し》む」とは浮世の汚濁に染まる、つまり煩悩に迷うこと。「心《こころ》の濁《にご》り」は邪念、俗念などをさします。

面《おもて》も振《ふ》らず

こんなときに…

目標へ向かって、
面も振らずに進んでいます。

「まっしぐら」

脇見もせず、一心不乱に、などの意。「面《おもて》」は顔のこと。まわりを見ることもせず、ただ何かに集中している様がうかがえます。一心不乱にものごとを行う様子は「三昧《さんまい》」といいます。現代でも「～三昧《ざんまい》」という言い方をします。

その反対に脇見をすることは「余所目《よそめ》」「あから目《め》」などといい、「あから目」には浮気の意味も。目移りと脇見はたしかに似ているかもしれません。

今《いま》

こんなときに…

今、出勤します。

「まもなく」

すぐに、さっそくに、などの意味があります。現代の「ただいまお持ちします」などと同じ感覚のようです。

「此《こ》の頃《ごろ》」は、今でもよく使う最近とか近頃というほかに、そのうち、近々に、などをさす言葉です。

今すぐ、を表す言葉には「つい」「直《じき》」などがあり、こちらもそのまま現代に生きている言葉のようです。

固《かた》め

こんなときに…

ふたりの固め、は、
必ず守ります。

「約束」

堅い約束の意。「固《かた》め事《ごと》」といえば、堅い約束や契りのことです。夫婦になる約束は「語《かた》らひ」といい、ふたりの親近感が目に見えるような言葉です。口約束のことは「口《くち》固《がた》め」といい、口止めの意味も。

人知れず約束しておくことを現代では「示し合わす」、古語では「肌《はだ》を合《あ》はす」といい、グルになる、の意味もあります。息がぴったり合う様を、肌という言葉でうまく表しています。

行《ゆ》き方《がた》

こんなときに…

もう三年以上も、あの人の行き方が知れません。

「行方《ゆくえ》」

行方、行く方向などの意。言葉そのままに理解できるので、現代でも通じるようです。

現代でも「行方知《ゆくえし》らず」はよく耳にしますが、古語では跡形もないことを示す「あとはかなし」や、「行《ゆ》き隠《かく》る」といいます。どちらも寂しさと孤独を感じる言葉です。

こうして姿を消した人を尋ね探すことを「い辿《たど》る」といい、憔悴して消息をたどる様が表れているようです。

名残《なごり》

こんなときに…

素晴らしい音楽の名残にひたる。

「余韻」

「名残」は「余波《なごり》」が転じたものです。「余波」とは、風が静まった後も立つ波や、潮が引いた後に残る海水や海藻などをさします。物事が過ぎ去った後もなお残る、それを思い起こす気配のことです。

目に見えない情緒、言外の趣を感じとる、日本人ならではの感性が育んだ言葉でしょう。「余情《よせい》」も、余韻、余情《よじょう》を表します。

後世《ごせ》

こんなときに…

後世、後世がどんなところか、想像すらできません。

「あの世」

前世に対して生まれ変わった後の世、あの世をさし、あの世での安楽、という意味も。「黄《くわう》泉《せん》」「又《また》の世《よ》」なども、あの世を表す言葉です。

極楽浄土は「蓮《はちす》の上《うへ》」「福《ふく》地《ち》の園《その》」「涼《すず》しき方《かた》」などといい、いかにも安楽な天上界を表すような言葉が目立ちます。

この浮き世は苦界、死後は極楽浄土へ、という古人の死生観がうかがえるようです。

日本の四季の言葉

四季のある日本では、
古来よりその季節ならではの自然や風習を
豊かに表現した言葉が生まれてきました。
ここでは旧暦旧暦の季節区分にもとづき、
美しい四季の言葉を紹介します。

春の言葉

暦のうえでの春は、
立春（新暦二月四日頃）から
立夏（五月五日頃）の前日まで。
雪解けとともに
新たな命が芽生えます。

薄氷《うすらい》

春先に薄く張る氷、または薄くとけ残った氷をいいます。過ぎゆく冬と訪れる春への思いを感じさせます。

名残《なごり》の雪《ゆき》

春までとけずに残った雪や、春になってから降る雪のこと。春の季語になっています。「忘れ雪」「雪の果て」など、美しい別称もあります。

凍《い》て返《かえ》る

春になり暖かくなってきた頃に、再び冷え込みが厳しくなること。ゆるんだ寒気が戻ることです。「冴返《さえかえ》る」「寒戻り」とも。

水温《みずぬる》む

冬の間、凍るように冷たかった水が徐々に温かく感じられるようになると、いよいよ春の到来です。

山笑《やまわら》う

花がほころび草木が芽吹く、生き生きとした春の山を表現する言葉です。春の季語としてよく取り上げられます。

鳥雲《とりくも》に入《い》る

春の季語です。越冬のために訪れていた渡り鳥が、再び北国へと雲の彼方に見えなくなっていく様を表しています。

麦踏《むぎふ》み

早春の里山の風物詩。麦の芽を踏みつけることで余分な生長を抑え、根をしっかりと張らせるために行います。

野焼《のや》き

「山焼き」ともいい、早春に野山の枯れ草を焼き払います。灰が土を肥やし、野草がよく育つといわれます。

東風《こち》

東から吹く春の風。朝に吹く「朝東風」、鰆《さわら》の漁期に吹く「鰆東風」など派生語も多くあります。

木《こ》の芽風《めかぜ》

木々が芽吹く頃に吹く風のこと。単に「春風」というよりも、自然の営みが情景深く描き出されます。

春《はる》疾《はや》風《て》

早春には突然砂ぼこりを巻き上げて激しい突風（疾風）の吹くことがあります。「春嵐」ともいいます。

鳥《とり》曇《ぐもり》

曇りがちの日が続く春。渡り鳥が北へ帰る頃の「鳥曇」や、桜の咲く頃の「花曇」など言い回しもさまざま。

日《ひ》永《なが》

春の季語。冬の短かった日が少しずつ長くなっていることに気付いたら、春はもうすぐそこです。

初《はっ》蝶《ちょう》

春の生き物は多くの句に登場しますが、蝶もそのひとつです。特に、春になって初めて見る蝶をこう呼びます。

春《しゅん》霖《りん》

春に降り続く長雨のこと。菜の花の咲く時期に降るので、「菜種梅雨《なたねづゆ》」とも。草木や花の成長を促す、春の恵みの雨でもあります。

朧《おぼろ》

春の夜、靄《もや》で景色がぼんやりとかすんだように見える様子をいいます。朝や日中に見られるものは「霞《かすみ》」。

春愁《しゅんしゅう》

気分が浮かれる一方で、どこか愁《うれ》いを感じることもある春。そんな季節ならではの、複雑な心を表しています。

別《わか》れ霜《じも》

里山も春本番となる頃、急な冷え込みによって降りる霜のこと。「忘れ霜」とも言い、農作物への被害も。

惜春《せきしゅん》

美しく咲き誇る花々も、やがては散っていくのが運命。明るさと喜びにあふれていた、過ぎゆく春を惜しむ晩春の季語です。

摘草《つみくさ》

早春の野原でよもぎやつくし、たんぽぽ、せりなどを摘む風習。古くから多くの詩歌に詠われています。

花《はな》の雨《あめ》

桜の咲く時期に降る雨のこと。また、舞い散る花びらを雨にたとえて「花の雨」ということもあります。

逃《に》げ水《みず》

初夏のような陽気で平らな地面が温められ、濡れたように見える現象のこと。いわゆる蜃《しん》気楼《きろう》です。地鏡《じかがみ》という別称もあります。

第二章

装いの言葉

見《み》目《め》佳《よ》し

こんなときに…

彼女は見目佳しいですね。

「美人」

容貌が美しい、器量よしの人をさす言葉です。見目は眉目とも表記され、顔かたちのほか、外見や見た目という意味があります。現代でも容貌の美しさを「見目麗しい乙女」などと表現することがあります。

また、人は見た目ではなく、心の美しさが大切だとする「見目より心」、容貌の美しさは幸福のもととした「見目は幸ひの花」などの諺《ことわざ》にも使われています。

装《よそ》ひ

こんなときに…

流行りの色を取り入れた装ひが似合っている。

「服装」

現代でも、春の装《よそお》いといった表現が使われますが、古語ではとくに整った服装、立派な装束のことをさしたようです。

また、衣服や調度品などの揃ったものを数えるときに、現代では「ひとそろい」といいますが、古語では「ひとよそひ」ともいったとか。

このほか、服装を表す古語には、「袖褄《そでつま》」「拵《こしら》へ」「姿《すがた》」「風体《ふうてい》」といったものもあります。どれも衣服や身なりをさすものです。

出《い》で立《た》ち

こんなときに…

今日は少し地味な
い、い、
出で立ちにしました。

「姿」「装い」

現代でも、華美な姿で現れた人を「派手な出で立ちでやって来た」などと言い表します。装い、身なり、身支度などのほか、もともとは旅立ちや出発を意味する言葉だったとも。

姿を表す大和言葉には、ほかにも「面影《おもかげ》」という表現があります。現代と同じように、実在するかの如く心にありありと浮かぶ人や物の姿をいい、そうした様を「面影に立つ」という印象的な言い回しで表します。

映《うつ》る
（写《うつ》る）

こんなときに…

ういういしい態度に、
真新しい制服がよく映る。

「似合う」

調和する、釣り合う、といった意味をもつ「映る・写る」という言葉は、バランスがとれた様を表しています。取り合わせの妙や、まわりとの均整がとれたものなどが、「似合う」という感覚表現につながるのでしょうか。

歌舞伎や能楽では、役者の演技が役柄にぴったりはまることを「写り」というとか。演者と役柄の調和が、よく似合うという雰囲気を醸し出すのでしょう。

生身《しゃうじん》

こんなときに…

両親からいただいた、生身です。

「肉体」

仏教用語で肉体のことをさす言葉です。現代でも「生身《なまみ》の体」といった表現をしますが、「生」という文字が現実に生きている体を如実に表し、肉体というよりも手触りの現実味のようなものが感じられます。

同じように人の体を表す言葉として「百骸九竅《ひゃくがいきゅうけう》」があります。これは人体を構成する多数の骨と、九つの穴（両眼、両耳、両鼻孔、口、両便孔）という意味です。

始《し》末《まつ》

こんなときに…

何事も始末する
心がけが大切だ。

「節約」「倹約」

節約すること、倹約すること、無駄づかいしないことを表す言葉です。

「始末心《しまつごころ》」は倹約しようとする心がけのことで、「始末屋《しまつや》」といえば倹約家やケチな人をさします。

古語では倹約する様を「約《つづ》まやか」とも表現し、質素な姿や、つましげな様子を伝える場合に使います。

繕《つくろ》ふ

こんなときに…

破れたTシャツを繕ひ、
急場をしのぎました。

「直す」「手入れをする」

繕いものとして、子どもの破れた靴下やズボンを、母親がこまめに手入れした時代もありました。

「繕《つくろ》ふ」には、このように壊れたものを修理して直す、病気を治すという意味のほかに、外見を整えることや、失敗を隠すためにうわべを飾る、などの意味もあります。

「何とかその場を取り繕った」などは、現代でもよく耳にする言い回しです。

仕立《した》つ

こんなときに…

新しいスーツを仕立てる。

「衣服を裁ち縫う」
「仕立てる」
「着物をつくる」

洋服などをあつらえる場合に「仕立てる」という表現を現代でも使うのは、いにしえの言葉の名残でしょう。

「仕立《した》つ」にはほかにも、きちんと整える、こしらえる、という意味もあり、こちらも服や着物をつくることに通じているようです。

似たような意味で、針で縫うことを「刺《さ》す」といいます。

婆《ば》娑《さ》羅《ら》

こんなときに…

世間体を気にせず、
婆娑羅に日々を過ごす。

「派手」

派手な衣装で飾りたてたり、他人の目をはばかることなく贅《ぜい》の限りを尽くすなどして、この世を謳歌する様を「婆娑羅」といいます。鎌倉幕府滅亡後に流行した風潮といわれ、乱れ髪を婆娑羅髪と呼ぶのも、その時代の空気を感じさせます。

「花花《はなばな》し」という古語も、現代でいう「派手で見事」という意味がありますが、こちらは同じ華美でも、優雅さや女性的な優しさを感じます。

窶《やつ》す

こんなときに…

相手に気付かれないよう、僧の姿に身を窶していた。

「変装する」

現代でも目立たないように姿を変えることや、わざとみすぼらしく装うことを「窶す」といいます。古語も同様で、目立たないように、または、下賤の者のように装うことをさしました。「忍《しの》び窶《やつ》す」とも表現されます。

思い悩む、打ち込むという意味もありますが、こちらも現代語で同様の意味で使われ、「恋に身をやつす」といったフレーズはおなじみです。

心《こころ》劣《おと》り

こんなときに…

ふたつを比べてしまうと、
どうしても心劣りする。

「見劣りする」

思っていたほど見栄えがしない場合や、比較すると明らかに劣っている気がするような、予想したよりも劣って感じられる様を「心劣り」と表現します。

負の局面で使う言葉ですが、どこか控えめで、温かみのある響きをもっています。

この対義語になるのが「心勝《こころまさ》り」。予想よりも、実際のほうが勝っているようなときに使います。

身《み》を成《な》す

こんなときに…

急な呼び出しに、急いで身を成した。

「身支度をする」

きちんと身支度をする、身をかためる、などの意味をもつ言葉です。その響きから、完璧に身ごしらえをする様子がイメージできそうです。

戦陣におもむく際など、厳重に身支度することを「鎖《さ》し固《かた》む」といい、こちらはものものしい雰囲気が伝わってきます。

また、死ぬときの身支度、つまり死に装束は「死《し》に出《い》で立《た》ち」といい、旅立つことを表します。

水《みず》鞠《まり》

こんなときに…

初夏らしく、水鞠の模様のスカーフにしましした。

「水玉」

水玉（水滴）を、古語では「水鞠」と表現しました。水が玉となって飛び散る様子や躍動感が詰まった言葉です。水玉や水滴というよりも、大和言葉ならではの優雅さや品格まで感じられそうです。

水にまつわる言葉では、筆跡や筆を意味する「水茎《みづくき》」も美しい印象です。みずみずしい茎を筆にたとえたのでしょうか。「水物《みづもの》」は果物を意味し、「水《みづ》心《ごころ》」とは水泳の心得のことです。

立《た》ち装《よそ》ふ

こんなときに…

晴れの日にふさわしく

「美しく装う」

装いを表す言葉はほかにも紹介しましたが、とくに美しく着飾った様子を表します。

「立つ」には視覚などのうえで物事を際立たせる意味もあるので、より飾り立てた姿をさすのかもしれません。同じニュアンスの言葉として、装い立てる、きれいに整えることを「繕《つくろ》ひ立《た》つ」といいます。

若々しく装うことは「若《わか》やぎ立《た》つ」といい、どこか心躍るような響きをもつ言葉です。

麦秋《ばくしゅう》

麦の穂が黄金色に熟するのは五月から六月頃。豊かで鮮やかな風景をつくります。初夏であっても、麦にとっては実りの秋です。

五月晴《さつきば》れ

旧暦五月の五月雨《さみだれ》の最中、現代の梅雨にあたる時期に見える晴れ間のこと。旧暦では、この頃に端午《たんご》の節供で鯉のぼりをあげました。

短夜《みじかよ》

夜が最も短い夏至の頃は、男女の逢瀬もはかなく過ぎゆくもの。そんな夜の切ない思いも込められています。

半夏生《はんげしょう》

雑節のひとつで、夏至からほぼ十一日目にあたります。関西では、この日に蛸《たこ》を食べる風習があるとか。

出水《でみず》

梅雨時の大雨によって起こる河川の氾濫のことです。台風による秋の洪水は、「秋出水」といいます。

入梅《にゅうばい》

梅雨の季節に入る最初の日。雑節のひとつで、新暦では六月十一日前後ですが、実際は、気象庁の「入梅宣言」で梅雨入りとなります。

五月闇《さつきやみ》

「闇」は「夜」ではなく、「暗さ」を意味するので、昼間についていてもいいます。梅雨時の鬱蒼《うっそう》とした雰囲気を表しています。

土用波《どようなみ》

夏の土用（立秋前の十八日間）に押し寄せる高波のこと。遥か沖合の台風によるもので、水難事故の原因にも。

薄暑《はくしょ》

うっすらと汗ばむ初夏の気候をいいます。本格的な暑さが、すぐそこまで迫っていることを予感させます。

赤富士《あかふじ》

富士山が朝焼けに染まって赤く見える、夏の早朝の光景です。多くの浮世絵のモチーフになりました。

鳴神《なるかみ》

昔から天の怒りとして恐れられた雷。俳句では「鳴神」のほか、「神鳴」「はたた神」など多彩な表現があります。

雲の峰《くものみね》

青空にうず高くそびえる積乱雲（入道雲）は、夏空の象徴。その姿を山にたとえてこう呼びます。

山開《やまびら》き

現在は夏山の安全を祈願する儀式を指しますが、古くは霊峰への入山の禁が解かれることを意味しました。

端居《はしい》

「端」とは家の端、つまり縁側などをさします。とくに夏、涼をとるために縁先などに出ることをいいます。古きよき日本の夏の風景です。

蓮見《はすみ》

古くから極楽浄土の花として崇められた蓮。夏の早朝に花開く蓮を見に、人々はこぞって出かけたといいます。

打水《うちみず》

地面からの暑さを逃がすため水を撒《ま》くこと。今その効果が見直され、多くの場所で行われるようになりました。

空蟬《うつせみ》

木に残された蟬の抜け殻のこと。俳句ではしばしば、現世の空しさを表現する季語として使われます。

群雨《むらさめ》

強まったり弱まったりしながら降る夏のにわか雨。近年のゲリラ豪雨とは、少し異なるイメージです。

炎暑《えんしょ》

炎が立つほどに感じられる暑さ。最も厳しい暑さを言い表す言葉で、現代の夏はまさに炎暑といえるかもしれません。

山背《やませ》

山を越えて吹く風。東北や北海道に吹き込む冷たい北東風のことでもあり、冷害をもたらします。

大夕立《おおゆだち》

突然起こる激しい夕立のこと。リズムよく「おおゆだち」と読みます。「夕立」は、「よだち」と読むことも。

鶯音《うぐいすね》を入《い》る

挽歌の季語です。春から盛んに鳴いていた鶯も、夏の終わりが近づくとともにその鳴き声を潜め、やがて秋へと向かいます。

喜雨《きう》

夏の日照りが続いた後に降る雨のこと。人間や農作物にとっては、まさに待ち望んだ恵みの雨です。慈雨《じう》ともいわれ、夏の季語です。

夕凪《ゆうなぎ》

「凪」とは、海風が収まり波の穏やかな状態。瀬戸内海の夕凪は、ことに、美しい夕景色を演出します。

第二章

味わいの言葉

執《と》り行《おこな》ふ

こんなときに…

そろそろ今夜も、
執り行ふことにしますか。

「一杯やる」

「執り行ふ」には、もてなすという意味もあります。そこから、お酒を飲むことをこういったのかもしれません。現代語の感覚では、たかが一杯やるのに、妙に仰々しく聞こえます。

同じくお酒をいただくという意味で「底《そこ》を入《い》れる」という古語があります。

こちらはお酒をいただくほかに、おなかを満たすという意味もあります。

酌《く》む

こんなときに…

ふたりでゆっくりお酒を酌みました。

「お茶やお酒を酌んで飲む」

「酌む」には、お酒やお茶を器に入れて飲む、という意味があります。その響きから、しみじみと語らいながら杯を傾ける情景が浮かびます。酒を酌み交わす、は今でも使われます。同じお酒に関連した「聞《き》こし召《め》す」は、食べる、飲むの尊敬語で召し上がる、お飲みになるという意味ですが、現代では大酔した人を「だいぶ聞こし召している」と揶揄《やゆ》することがあります。

削《けづ》り友《とも》達《だち》

こんなときに…

あの人とは、古くからの削り友達なんです（笑）。

「酒飲みの友達」

飲み友達を「削り友達」というのは、お酒を飲むと自然に大酒飲みになり、やがて財産を失う＝身代を削ることになるからとか。

大工さんなどの間でいわれたそうで、仲間うちの「符牒《ふてふ》」のように使われたのでしょうか。

大酒飲みのことを古語では、中国の想像上の動物「猩猩《しやうじやう》」にたとえますが、そこからお酒飲みの集まりは「猩猩講《しやうじやうこう》」と呼ばれます。

ずぶずぶ

※古くはづぶづぶ

こんなときに…

恥ずかしながら、先日は飲み過ぎてずぶずぶでした。

「酔いつぶれた様」

正体なくお酒に酔った様や、ぐでんぐでんの様を示す言葉です。水や泥に沈んでいく様子やその音も意味していて、路傍に寝転んでしまったり、だらしなく座り込んだりするような酔態に通じるものがあります。

体が自由にならない酔った人をあざけって「棒鱈《ぼうだら》」ということもあったとか。また、酔って乱れることを「どれる」といい、これは今でも「酔いどれ」などの言葉に名残があるようです。

振《ふ》る舞《ま》ひ

こんなときに…

この前は大変な振る舞ひで、恐縮してしまいました。

「(ご)馳《ち》走《そう》」

馳走を表す古語には「振《ふ》る舞《ま》ひ」のほか、「饗《あへ》」や「饗応《きやうおう》」「持《も》て成《な》し」など、現代でも使われているものがあります。

自慢の料理を振る舞う、というフレーズもよく耳にするのではないでしょうか。

ホームパーティーなど、客を招いてもてなすのが好きな人がいます。古くはこれを「振《ふ》る舞《ま》ひ好《ず》き」といったそうです。

尽《つ》くす

こんなときに…

自家農園の野菜を
尽くした料理です。

「すべてを出す」

もともと「尽《つ》くす」には全部を出す、ある限りを出す、などの意味があります。その語感から、今できる最高のもてなしをする、といったニュアンスも感じられます。

ちなみに「尽くす」には、極める、終わりにする、という意味もあります。

贅を尽くす、遊び尽くすなど、現代でもそのまま通じる言葉といえそうです。

所《ところ》狭《せ》し

こんなときに…

ご馳走がテーブルに所狭しと並んでいます。

「いっぱい」「あたりに満ちている」

物があふれて、いっぱいになっている様子を表します。現代語にも通じる言葉づかいのようです。「一《ひと》杯《はた》（一坏）」「一《ひと》物《もの》」なども、いっぱいという意味をもつ古語です。

また、容器などに水や飲み物をいっぱいに満たすことを「湛《たた》ふ」といいます。

満々と水をたたえた湖など、この表現も現代に通じるもののようです。

煌《きら》めく

こんなときに…

昨夜は心のこもった

い、い、

煌めきでした。

「歓待する」

現代では「きらきらと光り輝く」といった意味で多く使われますが、古語ではそれと同時に、盛んにもてなす様子も表す言葉です。華やかに飾り立てるという意味もあることから、特別な席で接待することにつながったのでしょう。また、古語の「持《も》て囃《はや》す」は、一生懸命に接待することです。現代では、ちやほやすることをこういいますが、古今を問わず、接待とはそういうものだったのでしょうか。

心行《こころゆ》く

こんなときに…

心行く、心行くまでお召し上がりください。

「足りる」「満足する」

気がすむ、快い、といった意味をもつことから、例文でも紹介したように、現代語のニュアンスに近い言葉のようです。「満足する」では味気ないですが「心行く」となると、いかにも心から満ち足りた気分を感じさせます。

また、料理を堪能した、など と今でも使われる「堪能《たんのう》」も足りる、十分なこと、などの意味をもち、現代語とほぼ近い感覚で使われていたようです。

旨《うま》し

こんなときに…

今日は本当に
旨しひとときでした。

「楽しい」

本来は食べ物の美味を讃える言葉ですが、「素晴らしい」「満足すべき申し分ない状態」をさすことから、楽しいといった意味にもつながるようです。

「快《こころよ》し」という言葉にも「楽しい」「愉快だ」といった意味がありますが、こちらは快適な心の様子を表していて、現代にも通じる気分があるようです。

「快し」の対義語は「心《こころ》疾《やま》し」。不愉快だ、むしゃくしゃするといった意味です。

持《も》て成《な》す

こんなときに…

心とは裏腹に、歓迎の持て成しをしました。

「振りをする」

現代の感覚で「もてなし」といえば、心からお客様を饗応し、ご馳走するようなイメージがあります。ところが古語の「持て成す」には、現代と同様の意味もありますが、人に対して気持ちとは裏腹に振る舞う、という意味もあったようです。うまく調子を合わせて、それらしい振りをすることです。

いにしえから日本人は、本音と建て前を使い分けていたのでしょうか。

当《あ》たる

こんなときに…

心を込めて
いい、
当たることにします。

「もてなす」

人を待遇する、人と交渉をもつことを意味する「当たる」は、現代の「おもてなし」に代わる言葉でしょうか。触れる、接触するという意味もあることから、人と人がじかに触れ合う様子を言い表せそうです。

ほかに、もてなしを表現する古語では「取《と》り持《も》つ」。世話をする、待遇すること。「扱《あつか》ふ」は待遇に気をつかうこと。「奔《ほん》走《そう》」は、ご馳走するという意味があります。

身《み》になる

こんなときに…

出来合いのものばかり食べていては、身、に、な、ら、な、い。

「栄養になる」

もともとは他人のために親身になる、真心をこめる、などの意味をもつ言葉ですが、「その人のためになる」ということから、食べ物が血肉となって体のためになることもさすようです。

食べるに関連した古語で愉快なのが「してやる」。食べるという意味のほかに、まんまとだます、といった場合にも使われます。「してやったり」という表現は、今でも聞くことがあるのでは。

五《ご》臓《ぞう》六《ろっ》腑《ぷ》

こんなときに…

清水の冷たさが、
五臓、六腑に染みわたる。

「内臓」

内臓全体をさす言葉です。現代でも、例文のような言い回しをよく耳にします。五臓とは心、肝、肺、脾、腎の五種類の内臓のこと。

このほか、内臓の総称としては「肝《きも》」「臓腑《ぞうふ》」「腸《わた》」などがあります。

「肝《きも》の束《たばね》」といえば、五臓六腑を束ねている場所、つまり腹部のことを意味します。

労《いたづ》く

こんなときに…

すっかり
労いてしまいました。

「病む」「病気になる」

病気のほか、疲れる、悩むといった意味ももつ言葉です。次頁で紹介する「労《いたは》る」にも同じく病気になる、患うの意味があります。

病むという意味の言葉には「心地《ここち》損《そこ》なふ」「心地《ここち》違《たが》ふ」といったものも。

食欲が出ない、心持ちや気分がすぐれない、いつもと違ってパッとしない、そんな微妙な体調変化を察するニュアンスが伝わります。

労《いたは》る

こんなときに…

のんびりと労るほうが体にいいでしょう。

「治療する」

現代語の「労《いたわ》る」にも養生するという意味がありますが、今では困っている人などに優しく接する、という意味合いが強いようです。

病を癒やすときには、他人からの優しさが身に染みます。そんな状況を表す言葉としては、治療というよりも「労る」のほうが、そっと寄り添うようなぬくもりを感じさせます。

切《き》る

こんなときに…

いつのまにか、
備蓄の食糧が切れていた。

「尽きる」

「切る」という古語にも現代と同じように、切断する、などの意味がありますが、物などが尽きる、無くなる、などの意味合いも含んでいます。

現代でも商品の在庫がないときなど、「あいにく、ただいま○○は切らしております」といった言い回しをすることがあります。

ちなみに、尽きることがない、果てがないのを「尽《つ》きし無《な》し」といいます。

打《う》つ

こんなときに…

広大な景色の中で、農夫が畑を打つ、姿が印象的でした。

「耕す」

「打つ」と「耕す」、現代ではすぐに結びつきませんが、田畑に鍬《くわ》や鋤《すき》を入れる姿には、大地を打つ様子がうかがわれます。

耕すことを意味する言葉には「返《かへ》す」「掻《か》く」など、土と向き合って働く人の動作を表したものがあります。

いずれも、黙々と作業をする人の姿までが目に浮かぶような、素朴な手触りのある大和言葉たちです。

秋《あき》田《の》実《み》

こんなときに…

今年も秋田実ができる頃になりました。

「稲」

稲を「秋の田に実るもの」と表現する、古人の感受性と知恵に敬意を表したくなる言葉です。稲作文化を育む日本人ならではの感覚が生み出した、美しい大和言葉といえるでしょう。

秋は収穫の季節。さまざまな恵みがもたらされますが、なかでもお米を大切にしていた人たちの気持ちが「御稲《みしね》」や「御年《みとし》」「富草《とみくさ》」など、稲を讃えるような別称に表れています。

屯《とん》食《じき》

こんなときに…

（いびつな形のおにぎりを見て）

平安時代の屯食のようだね。

「握り飯」

「屯《とん》食《じき》」とは、玄米の強飯《こはいひ》（おこわ）を握り固め、鶏卵の形のようにしたものです。

平安時代に宮中などでの宴会の際、庭で下《しも》仕《づか》えの者たちが食べたとか。身分の低い人たちの弁当に用いたともいわれます。

現在のおにぎりとは形も味わいもだいぶ異なりそうですが、言葉のイメージからボリュームがあって、豪快な食べものが想像できそうです。

肉《しし》置《お》き

こんなときに…

立派な肉置き、イノシシが獲れた。

「肉付き」

人間や動物の体の肉付きをいいます。現代なら肉や魚の品定めにも使えそうです。同じく肉付きという意味をもつ「肉合《ししあ》ひ」という言葉は、工芸の世界でも知られています。彫金などで模様を浮き彫りにする技法を肉合《ししあ》い彫《ぼり》といい、立体的な感じを与える技法を使う肉合《ししあ》い蒔絵《まきえ》というものもあります。ある部分を浮かび上がらせることを、肉付きのよさに見立てたのでしょうか。

春《はる》告《つげ》魚《うお》

こんなときに…

陽気もよくなり、春告魚の
シーズンになりましたね。

「鯡《にしん》」

鯡は、春の彼岸頃から産卵のために沿岸に群集します。春分の日も近く、ようやく春本番となる頃合いに姿を見せることからの別名でしょうか。かつて鯡は、凍てつく北の海に春の訪れを告げ、同時に豊漁の幸せも運ぶ魚だったのでしょう。

北海道では鯡が獲れる頃の曇り空を「鯡曇《にしんぐもり》」と呼ぶとか。

同じく春の訪れを告げるものとして「春告《はるつ》げ鳥《どり》」は鶯《うぐいす》の別名、「春告《はるつ》げ草《ぐさ》」は、梅の別名です。

認《したた》む

こんなときに…

みんなで持ち寄ったものを、認むことにしました。

「飲食する」

現代でも、昼食を認《したた》める、というような言い方をします。このほかにも整理する、支度をする、調理するなどの意味をもつ言葉です。古語では飲み食いを「飲食《おんじき》」と読み、飲み物と食べ物をさすこともあります。

ユニークなのはものを飲んだり、吸ったりして飲食する様を「すばすば」と表現すること。タバコを「すぱすぱ」吸うとは現代でもいいますが、「すばすば」ではしっくりこないようです。

円《つぶ》らか

こんなときに…

見た目も円らかで、
おいしいパンでした。

「ふっくらしている」

丸い様子や、丸くふっくらとしている様を「円《つぶ》ら」といい、「円らか」もこれと同じ意味です。

古語では体型をいうことが多いですが、現代ならパンやふわふわした料理などにも使えそうです。

同じ意味を表す言葉には「円《まろ》らか」「脹《ふく》らか」「脹《ふく》やか」などがあり、どれも温かみのある、ほのぼのとした印象の言葉ばかりです。

餉《かれいひ・かれひ》

こんなときに…

餉をもって
里山歩きをしてみます。

「弁当」

もともとは干した飯をさす言葉です。水分を含ませ、柔らかくして食べるもので、旅行や行軍などに携帯したとか。

彩りのある現代のお弁当とは違い、実用性を重視したもののようです。

弁当箱のことを「餉《かれ》笥《ひけ》」または「破《わり》子《ご》（籠）」といいます。破子は白木で作った折り箱で、内部に仕切りがある様子は、私たちにもなじみのある弁当箱のような見た目です。

被《かづ》け物《もの》

こんなときに…

年末の旅行は、頑張った自分への被け物です。

「ご褒美」

「被《かづ》く」という古語には、貴人が賞(褒美)として衣類を与え、肩にかけさせる、という意味があります。このあたりから、目下の人の労をねぎらい、褒美として与えるものを「被け物」といったのでしょうか。身分を超えて相手を労る気持ちが伝わるようです。

同じ意味をもつ言葉には「禄《ろく》」があります。こちらは褒美の品、祝儀などの意味があります。

可惜《あたら》し

（惜《あたら》し）

こんなときに…

捨ててしまうには可、惜し、い。

「もったいない」

食べ物や衣服など、まだ利用価値のあるものを捨てるような場合、惜しい、残念だという意味で「可惜《あたら》し」という言葉を使います。この精神は今も大事にしたい日本人の美学です。「可惜物《あたらもの》」といえば、もったいないものをさします。

それに対して、分不相応や恐縮する意味のもったいないには、「苟《いやし》くも」「大気甚《おほけな》し」といった言葉があります。

我酒《がざけ》

こんなときに…

昨夜は我酒を呑みました。

「やけ酒」

我をはって無理に飲むお酒、やけ酒を「我酒」といいます。あれこれ思いめぐらしながら、ひとり痛飲する姿を彷彿とさせる言葉ではないでしょうか。ちなみに自暴自棄のことを古語では「わざくれ」といいます。

やけ酒が過ぎて泥酔した姿にぴったりな言葉が「十文字《ともじ》に履《ふ》む」。十文字の形に歩く、つまり千鳥足でフラフラと歩く姿を表しています。

秋の言葉

立秋（新暦八月七日頃）から立冬（十一月七日頃）の前日までが秋です。錦繍《きんしゅう》の美をたたえ、季節の実りに感謝しつつ、厳しい冬に備えます。

洒涙雨《さいるいう》

旧暦の七夕に降る雨。牽牛と織女の別れの涙、あるいは叶わなかった再会を悲しんでの涙雨とも。「催涙雨《さいるいう》」とも表す、秋の季語です。

盂蘭盆会《うらぼんえ》

いわゆる「お盆」のこと。地方では旧盆といい八月十三日に迎え火、十六日に送り火を焚いて先祖の霊を弔《とむら》います。

走馬灯《そうまとう》

盆飾りなどで使われる灯篭の一種。火を灯すと、人や動物の形に切り抜いた絵が、走るように回り出します。

灯籠流《とうろうなが》し

お盆の最後の夜に先祖の霊をあの世へと送るため、灯籠に火を灯して川や海に流す仏事です。現代も、日本各地で行われています。

解夏《げげ》

僧侶が夏の間の九十日間、世俗を離れて行う修業「安居《あんご》」が解かれる日で、旧暦の七月十五日にあたります。

御山洗《おやまあらい》

初秋の季語です。富士が閉山となる旧暦の七月下旬頃、まるで富士山の汚れを洗い清めるように降る雨のこと。

二百十日《にひゃくとおか》

立春から数えて二百十日目にあたる日。昔から台風の襲来が多い日とされ、農家などに恐れられていました。現在では、九月一日頃です。

野分《のわき》

秋から冬にかけて吹く強風のこと。台風。野に立つ草木を分けるように吹き抜ける風がイメージされます。

八朔《はっさく》

旧暦八月一日（朔日）の節句。稲の豊作を祝う、または祈念する日です。果物のハッサクはこれに由来します。

夜長《よなが》

秋が深まるとともに、夜の時間が長くなります。月見や虫の声など、秋の夜ならではの楽しみも。

曼《まん》珠《じゅ》沙《しゃ》華《げ》

別名は彼岸花《ひがんばな》。仏教では天界に咲く花とされ、墓地の近くでよく見られるほか、田んぼの畦《あぜ》や土手などに群生します。

秋《あき》扇《おうぎ》

夏から秋になり、使われなくなった扇がそのまま忘れ去られている様を表しています。「忘れ扇」とも。

落《おち》鮎《あゆ》

早春に川を遡る鮎を「若鮎」、秋の産卵後、川を下りやがて命を終える鮎を「落鮎」と呼び、区別します。

朝《あさ》寒《ざむ》

秋の明け方のうすら寒さをいいます。朝のうちだけ訪れる冷え込みです。一方、夜の急な冷え込みは「夜寒《よさむ》」です。

稲《いね》刈《かり》

頭《こうべ》を垂れた黄金色の稲穂は、実りの秋のシンボル。稲刈がすすめば、美味しい新米が食卓にのぼります。

秋《あき》湿《じめり》

秋に降る梅雨のような長雨のこと。またそれにより、秋の乾いた空気がじめじめと湿っぽくなること。

雨月《うげつ》

旧暦八月十五日の月が雨のために見えないことで、秋の季語になっています。

雁渡《かりわた》し

秋には、雁をはじめとする渡り鳥が越冬のため日本へやって来ます。ちょうどその頃に吹く北風のこと。

鮭颪《さけおろし》

鮭が遡上を始める旧暦の8月頃、東北地方に吹く強風をいいます。これを合図に鮭漁が始まります。秋の季語です。

鰯雲《いわしぐも》

五百メートル以上の上空に発生する巻積雲で、鰯《いわし》の群れのように見えます。「鱗雲《うろこぐも》」とも。澄んだ秋空の象徴です。

秋日和《あきびより》

爽やかに晴れ渡った秋の天気を「秋晴れ」、そんな行楽に最適な一日を「秋日和」といいます。

秋陰《しゅういん》

秋の曇り空のこと。天気の変わりやすい秋は、空模様を言い表すさまざまな言葉が生まれました。

不知火《しらぬい》

旧暦八月一日前後に、九州の八代海《やつしろかい》で見られる神秘的な現象。蜃気楼《しんきろう》の一種で、沖に無数の火がゆらめくように見えます。

落《お》とし水《みず》

稲刈を前に、田んぼの水を落とすこと。その水音にいよいよ訪れる収穫シーズンへの期待がふくらみます。

豊年《ほうねん》

稲などの穀物が豊作になった年を言い表します。豊年満作は、今でも耳にする言葉です。反対に、不作の年は「凶年《きょうねん》」といいます。

よなべ

夜更かしして仕事をすること。気候がよい秋の夜長は、とりわけ仕事が捗《はかど》ることでしょう。夜業、夜仕事などともいいます。

月代《つきしろ》

月の出を前に、東の空が明るく白んでいく光景を表します。そのため「月白」と表記されることも。

暮《くれ》の秋《あき》

秋の終わり、晩秋を表す言葉。俳句や歌の中では、過ぎゆく秋を惜しむ気持ちを込めて用いられるようです。

第四章

住まい・暮らしの言葉

終《つひ》の住《すみ》処《か》

こんなときに…

これが私の
終の住処になります。

「死後に落ち着く所」

生きているうちに最後まで住む場所という意味もあり、現代でもよく使われる言葉です。

「終《つひ》の思《おも》ひ」は臨終の覚悟をいい、「終《つひ》の別《わか》れ」といえば、最後の別れや死別を意味します。終には人生の終焉を意味する言葉が多いようです。

お墓を表す「奥《おく》つ城所《きどころ》（奥津《おくつ》城処《きどころ》）」や「無常所《むじゃうしょ》」などの古語は、さびしさや儚《はかな》さを感じさせます。

営《いとな》み出《い》だす

こんなときに…

あせらず自分で営み出だす、ことにしました。

「つくる」「つくり上げる」

物をつくる、つくり上げる、といった意味をもつ言葉です。「営《いとな》み」には生活、生計を立てるための仕事という意味があります。そこから何かを生み出す行為を、つくるということになるのでしょう。「営《いとな》み出《い》だす」という言葉は、暮らしに根ざした純朴さ、汗のにおい、人肌のぬくもりなど、どこかほんわかとした温かさと、生きるたくましさを感じさせてくれます。

漫《すず》ろ歩《あり》き

こんなときに…

何となく気分が晴れないので、漫ろ、漫ろ歩きしました。

「散歩」

なんとなく心がひかれる様を「漫《すず》ろ」といいますが、目的もなくブラブラと歩きまわることは「漫ろ歩き」となり、散歩を意味する言葉です。

「漫《すず》ろ心《ごころ》」は、とりとめもなく動く心のこと。「漫《すず》ろ事《ごと》」は、つまらないことをさします。

また、散歩や散策を「逍遥《せうえう》」ともいいますが、気の向くままの街歩きなどを表す言葉として、今でも使われています。

笑《ゑ》む

こんなときに…

花が笑むのを見ていると、
心がなごみます。

「(花が)咲く」

つぼみがほころぶ、花が咲く、などを表しています。見るだけで思わず笑顔になるような、ほのぼのと明るい魅力をもった言葉です。花が咲く様子を、ほほ笑みに見立てた古人の美意識に感服します。

蓆《むしろ》を敷いたように花が一面に咲いた様子や、一面に散り敷いた光景を「花蓆《はなむしろ》」といいます。笑顔にあふれた野面《のもせ》は、輝くような明るさでしょう。

忘《わす》れ花《ばな》

こんなときに…

もう初夏だというのに、
忘れ花が咲いている。

「季節に遅れて咲く花」

季節はずれに咲く花をいいます。現代では「狂い咲き」などといいますが、「忘れ花」のほうが雅やかで、やさしい余韻に包まれた響きをもっています。

「返《かへ》（帰《かへ》）り花《ばな》」「余花《よくわ》」も同じ意味です。とくに余花は春に遅れて咲く桜をさす言葉で、夏の季語です。

四季折々の花は「時《とき》の花《はな》」。忘れずに季節の移ろいを知らせてくれる、時の使者です。

道《みち》も狭《せ》に

こんなときに…

道も狭に、
桜の花が散っていました。

「道いっぱいに」

道も狭いほどに、という状況を表す言葉です。桜の淡い紅を散り敷いた様子や、落ち葉が道を埋め尽くすような情景が目に浮かぶようです。

道に関する古語では「雲路《くもぢ》」も浪漫を感じさせてくれます。空の中の道、雲の中の道という意味から、月や星の通る道、鳥たちが通う道もさすようです。また、はるかな旅路という意もあるとか。

夥《おびただ》し

こんなときに…

あまりに施設が夥しいので驚きました。

「(建物などが)立派」

規模が非常に大きな様子や、建物が立派なことをさす言葉です。現代でも、目立って数量が多い状況などを表すときに使いますが、古語にも同様の意味があったようです。

また、建物などを立派に造る、美しく造ることを「作《つく》り磨《みが》く」といいますが、まさに手塩にかけて、丁寧に、磨き上げるように作業する人たちの姿を感じさせる言葉です。

取《と》り置《お》く

こんなときに…

大掃除をして、きれいさっぱり取り、取り置きました。

「片付ける」

始末する、処分する、といった意味ももつ言葉です。「お取り置きしておきます」という現代の使い方とはかなり違うようです。第三章で、飲食するという意味で紹介した「認《したた》む」（↓126頁）にも整理する、きちんと始末する、などの意味があります。

「畳《たた》む」という言葉も、まとめて取り片付けることですが、こちらは現代でも耳にする「店をたたむ」に通じるものでしょう。

凛《りん》と

こんなときに…

彼女の身なりは、いつも凛と、いつも凛としている。

「きちんと」

現代では空気が冷たく引き締まっている感じや、態度が凛々《りり》しい様子をさす言葉ですが、古語でも似たような使い方をしたようです。きちんとした、きっちりした、という意味のほかに、姿や態度がキリッと引き締まっている様も表します。

きちんとしている姿は「麗《うるは》し」とも表現し、たたずまいが整然として美しい状態。こちらは現代語の感覚に近い感じです。

朝《あさ》夕《ゆふ》事《ごと》

こんなときに…

何気ない毎日の朝、夕、事が、
大切に思えるこの頃です。

「暮らし」

「朝夕事」は、日常の暮らしを表しています。「朝《あさ》夕《ゆふ》」には朝と晩のほか、平素、普段、朝夕の食事などの意味もあります。人の一日の営みを素朴に表しつつ、生活のぬくもりまでも感じさせるようです。

炊事の煙から転じて「煙《けぶり》」、人の起き伏しから転じて「臥《ふ》し起《お》き」など、いずれも日々の暮らしを意味します。生活感がじかに伝わる言葉たちです。

耳《みみ》を借《か》る

こんなときに…

大きな声ではいえないので、そっと耳を借りました。

「耳元でささやく」

他人の耳に口を近づけ、ささやくことです。同じ意味で「耳《みみ》擦《こす》り」や「耳打《みみう》つ」という言葉も。耳打ちする、という現代の使い方にも少し似た表現です。

耳に関連したユニークなところでは、人の噂などをいち早く入手する人を「耳巧者《みみがうしゃ》」や「耳《みみ》聞《ぎ》き」と呼びます。

いかにも耳ざとい人をうまく表していて、おかしみが込み上げてきます。

初《うひ》立《だ》つ

こんなときに…

この学校からは、毎春百名程の学生が初立つ。

「巣立つ」

初めて外に出る、という意味もあります。鳥の巣立ちに限らず、人間も卒業や成人、結婚などを機会に親もとから旅立ちます。そんなときにふさわしい、優しく、温かな気持ちになる言葉の響きです。

「初《うひ》」は初めての意を表す言葉で、現代でも「初々《ういうい》しい」という言い回しはよく使われています。ちなみに、春になって霞《かすみ》が立ちそめる様子も「初立《うひだ》つ」と表現します。

浮《う》き世《よ》を立《た》つ

こんなときに…

厳しいご時世の中、なんとか浮き世を立つことに必死です。

「生計を立てる」

生活をする、といった意味をもつ言葉です。「浮《う》き世《よ》」は、辛《つら》い世間をさす言葉でもあり、「浮き世を立つ」には、どことなく世の中を生きていく厳しさも感じられます。

同じような意味の言葉では、「渡《わた》らふ」「口《くち》を食《く》ふ」「頤《おとがひ》（あご）を養《やしな》ふ」は生活することを、「口《くち》を過《す》ぐ」は食べ物にありつき、なんとか生活することを示しています。

雁《かり》の使《つか》ひ

こんなときに…

なつかしい人から、雁の使ひが届きました。

「便り」「手紙」

雁の足に手紙を付けて便りをしたという、中国の故事にちなんだ言葉です。

消息をもたらす使者としての雁が転じて、手紙や便りもさすようになりました。「雁《かり》の便《たよ》り」や「雁《かり》の玉章《たまづさ》」も同じ意味です。玉章という優雅な言葉は、手紙の美称です。また、「音《おと》」も便りを表す言葉。便りがないことを「音《おと》もせず」といいます。音信などは、今でも使われている言葉です。

形《かた》

こんなときに…

急なお金を借りた形に、とりあえず指輪を預けました。

「担保」

現代でも「借金の形《かた》」といいますが、貸金の抵当や担保のことは、古くから同じようにいわれたようです。

「曲《ま》げ物《もの》」は通常、杉などの薄い板を曲げてつくる容器をいいますが、なぜか「質ぐさ」の意味も。質ぐさは、質屋からお金を借りるときに入れる品物、担保のことです。家や屋敷を借金の抵当に入れることを人《ひと》質《じち》ならぬ「家《か》質《じち》」というのも、読んで字の如しでおかしみがあります。

付《つ》き付《づ》きし

こんなときに…

絵と額縁が大変に
付きづきしい。

「調和している」

「付き付きし」という古語には上記のほかに、ふさわしい、似つかわしい、しっくりしている、などの意味があります。「付《つ》き」は、ある物に別の物が密着することを示します。「付《つ》き無《な》し」となれば、物と物がぴったりしないことになり、不調和を表します。また、調和を表す「間《あはひ》」は人と人、物と物の間を表すと同時に、間柄、関係、つりあい、取り合わせなども意味します。

出《い》で立《た》ち

こんなときに…

明日の朝早く
出で立ちます。

「旅立ち」

旅に出発することや、出発の用意などを表します。第二章では、姿や装《よそお》いを表すことも紹介しました（↓84頁）。

「出《い》で立《た》ち急《いそ》ぎ」といえば出発の準備をさしますが、そこには出がけの慌しさ、はやる気持ち、道中への不安などが入り交じったニュアンスが表れているようです。

また、早朝の旅立ちは「朝戸《あさと》出《で》」。ひんやり、爽やかな朝のにおいを感じさせます。

道中《どうちゅう》

こんなときに…

今はまだ、
長い道中です。

「旅の途中」

旅そのものも意味しますが、「道中姿《どうちゅうすがた》」などに代表されるように、旅行中という状態を表す例が目立ちます。現代語にも通じた言葉です。

古人の旅への思いは特別なものでしょう。印象的な言葉が多くあります。旅先の土地のことは「旅の空」。遠い異郷の地で見る空を「呉天《ごてん》」。旅の途中で日が暮れることを「行《ゆ》き暮《く》らす」。いずれにも、一抹の哀愁が漂います。

道《みち》行《ゆ》き

こんなときに…

道行き、くれぐれも
ご無事で。

「道中（旅の途中）」

道を行く、という言葉そのままも表しますが、旅の途中の意味もあります。とくに浄瑠璃や歌舞伎で「道行き」といえば、相愛の男女が旅をする道中の場面をさします。駆け落ちや心中のための決死の旅です。

『土佐日記』で有名な紀貫之《きのつらゆき》の「夏山の　影をしげみや　玉ほこの　道行き人も　立ちどまるらむ」。夏山の繁った木陰では、涼をとるのに旅人も立ち止まるのだろうか、という意味です。

玉《たま》水《みづ》

こんなときに…

そのまま飲めるような玉水です。

「清水」

清らかな水のほかに、雨だれやしずくを玉にたとえて「玉《たま》水《みづ》」という場合もあります。その言葉の響きからは、木々の緑が映りこむ小流れの水面が、すがすがしくイメージされます。

「細《さざ》れ水《みづ》」は、さらさら流れる水、小石の上を流れる水のことです。「山《やま》下《した》水《みづ》」は、山の麓《ふもと》を流れる水をさします。

いずれも透明感のある、水に関する古語です。

勤《いそ》しむ

こんなときに…

逆境の中でも、真摯に勤しむ彼の姿に感激しました。

「勤める」

努め、励むことを表しています。現代でも「いそしむ」は精を出す、励むことを意味するので、同じような使われ方をしていたようです。

「勤《いそ》し」自体にも努める様、勤勉だ、といった意味があります。

働くときは真面目に、骨身を惜しまないで力を尽くす。そんな日本人の仕事観が、古くから根付いていたことを教えてくれます。

湯《ゆ》浴《あ》み

こんなときに…

湯浴みをして、さっぱりしました。

「入浴」

入浴のほか、湯や水を浴びて体を洗うこともさします。また、温泉でのんびり療養する湯治も「湯浴み」といいますが、こちらは現代でも同じ意味で使われています。この言葉に純朴さや温かみを感じるのは、そのせいでしょうか。

茹でるを意味する「茹《ゆ》づ」にも、湯治するという意味があります。

ちなみに、入浴することは「湯《ゆ》引《ひ》く」ともいいます。

無《む》徳《とく》

こんなときに…

以前とは見違えて、無徳な姿でした。

「みすぼらしいこと」

体裁が悪い様や、わびしげな様子をいうほか、貧乏をさすことも。現代の感覚でいえば、貧乏そうな、というストレートな表現よりも、ソフトなものの言い方になっています。

貧乏を表す言葉は、「貧《ひん》」や「乏《とぼ》し」など今と変わらないものが目立ちます。「摩《す》り切《き》り」も貧乏や無一文などを意味しますが、ほとほと疲れ果て、身も心もボロボロになった姿を連想させます。

便《びん》無《な》し

こんなときに…

強いていえば、駅から遠いのが便無しです。

「不便」

「便《びん》」にはもともと都合、具合などの意味があることから、都合が悪いようなこと、思うようにならないことを「便無し」といいます。

これと反対に便利がよいことは「便宜《びんぎ》」。特別なはからい、といった意味の「便宜《べんぎ》をはかる」という言い方は今も残っています。「不如意《ふにょい》」にも同じような意味がありますが、現代ではお金がないときに「手もとが不如意」などと使います。

雪《せつ》隠《いん・せっちん》

こんなときに…

ちょっと失礼して、雪隠へ参ります。

「トイレ」「便所」

現代ではトイレと呼ぶことが一般的ですが、少し古風に「雪隠」というのも悪くないかもしれません。

その文字には風雅な趣もあり、不浄の場所を美しい言葉で飾った古人の知恵を感じます。

このほか「厠《かはや》」「後架《こうか》」など、トイレをさす言葉は、現代にもわずかながら継承されているものもあるようです。

方《かた》

こんなときに…

今年の恵方は、西南の方です。

「方向」「方角」

方向や方角、方面などを表します。「方様《かたさま》」「筋《すぢ》」「空《そら》」なども同じような意味をもちます。

陰陽道《おんみょうどう》では、その方角へ出かけると災いを受けるとされる場合、一度違う方角へ向かってから目的地をめざすことで災厄を避けたとか。これを「方違《かたたが》へ」といいます。

節分でおなじみの「恵方巻《えほうま》き」の恵方は、その年のおめでたい方角のことで、「明《あ》きの方《かた》」ともいわれます。

御《ご》幣《へい》を担《かつ》ぐ

こんなときに…

気にし過ぎると、
御幣、御幣、御幣を担ぐことになるよ。

「迷信を気にする」

つまらない迷信を気にすること、縁起を担ぐことをいいます。これは現代にも生きている言葉です。御幣《ごへい》とは、たたんだ紙を細長い木にはさんで垂らした祭具。お祓いなどで用いるものです。

ちなみに縁起がよい、は「吉《きっ》凶《きょう》よし」、縁起が悪いは「忌《いま》忌《いま》し」といいます。

不吉な夢を見ることを「夢《ゆめ》見《み》騒《さわ》がし」。夢見の悪いことを気にする人もいるようです。

留《と》め帳《ちゃう》

こんなときに…

お約束を忘れないよう、
留め帳に控えておきます。

「メモ帳」

手控えのための帳面をいいます。今なら手帳やメモ帳といったところでしょう。大事なことを失念しないように留《とど》めておく、そんな用途が言葉から伝わってきます。

金品の出納《すいとう》を記入する大福帳などの帳面は「帳《ちゃう》」、日記は「日記《にき》」または「日帳《ひちゃう》」、備忘録は「手日記《てにっき》」といいます。なお、「日帳」には毎日つける帳簿、という意味もあります。

潤《うるほ》ふ

こんなときに…

どうにかこうにか、潤ってきました。

「暮らしが楽になる」

「潤ふ」には、豊かになる、利益を得る、恵みを受けるなどの意味があり、そこから暮らし向きがよくなった状態も表すようです。

反対に暮らしが苦しくなることは「詰《つ》まる」。こちらは不景気に陥る、困る、窮するなどをさしますが、現代でも「金に詰まる」という言葉を耳にします。「食《く》ひ詰《つ》む」は食うに困る、生活に困る、の意で、これも現代に通じる使い方のようです。

流離《さすら》ふ

こんなときに…

流離ふことに、どこか憧れのようなものもあります。

「流浪する」

あてもなくさまよう様子をさすこの言葉は、現代語と同じ意味で使われていたようです。

「彷徨《さまよ》ふ」も同じで、漂うなどの意味をもちます。旅から旅へ漂泊する人の姿は、まさに流れていくが如しだったのでしょう。

こうして流浪する人を「跡無《あとな》し人《びと》」といいます。「跡《あと》」は痕跡や足跡の意です。流れゆく人たちが去った後には何も残らない、そんな儚《はかな》さを感じる言葉です。

仕《し》付《つ》け

こんなときに…

先生には勉強だけではなく、仕付けを教えられました。

「礼儀作法」

礼儀作法のほか、嫁入りさせること、慣習といった意味ももちます。「仕《し》付《つ》け方《かた》」といえば、礼儀作法の教え方や教える先生のことです。「作《さ》法《はふ》」にも同様の意味があります。

礼儀正しいことを古語で「慇《いん》懃《ぎん》」といいますが、これは現代にも通じる意味のようです。丁寧過ぎてかえって失礼なことを「慇《いん》懃《ぎん》無《ぶ》礼《れい》」といいますが、もとは「慇《いん》懃《ぎん》尾《び》籠《ろう》」から転じたといわれます。

手《て》習《なら》ひ

こんなときに…

週末はゴルフの手習ひをしています。

「練習」

四十の手習い、は今でも知られた言い回しです。古語では練習や稽古などをさし、とくに習字のことを表すようです。

同じく練習、慣らすこと、などの意味をもつ言葉に「慣《な》らし」があります。こちらは慣れ、親しませることが、練習させることと同じ意味をもつことを教えてくれます。

「習うより慣れろ」という格言は、今も生きています。

奢《おご》り費《つひ》やす

こんなときに…

このまま黙っていては、財産を奢り費やすばかりです。

「浪費する」

「奢《おご》る」は、お金を無駄に使うこと。「費《つひ》やす」は、使って減らすことです。奢るには贅沢をする、という意味もあります。

いずれにせよ、考えもなく金銭を使って、贅を尽くす様子を表しているようです。

ちなみに、現代では「信用を失う、損ねる」という意味で使われることの多い「失墜《しっつい》」という言葉。古語では、無駄や浪費を表します。

車《くるま》返《がへ》し

こんなときに…

昔からあのあたりは、車返しといわれたらしい。

「危険な所」「難所」

険しくて車を捨てて引き返すような場所をさします。坂道の意味もありますが、こちらも車で上るにはきつい道をいったのでしょう。

牛車や馬車の時代ならではの感覚が表れた言葉です。

山の険しい道は、さらにその厳しさが伝わるものが目立ちます。「岩《いは》の懸《か》け道《みち》」は、岩石の間の険しい山道。「切所《せっしょ》・殺所《せっしょ》」は、山道の難所。「崖《ほき》」は、険しい崖のことです。

巷《ちまた》

こんなときに…

この巷を
どちらに行きますか？

「分かれ道」

道の分かれる所、辻などをさし、「岐《ちまた》」の字があてられることも。もともとは「道股《ちまた》」の意味です。現代では、世間や世の中という意味で使われることが多く、分かれ道は意外な感があります。

「巷《ちまた》の神《かみ》」といえば「塞《さへ》の神《かみ》」のことで、通行人を守る道路の神、道祖神です。

分かれ道や峠、村境などに祭られました。今でも地方で目にすることがあります。

配《くば》る

こんなときに…

まわりの人へも、配ることにしました。

「分け与える」

現代語と同じように、シェアする、分配するという意味のほか、分けて置く、配置するという場合にも使うようです。現代の感覚でいえば、「与える」というと上下の関係になりますが、「配る」ならそうした印象がなくなり、使いやすいのでは。

同様に「省《はぶ》く」という言葉にも、分け与える、恵み与えるという意味があります。しかし、現代人からすれば、どうもしっくりこない気がします。

冬の言葉

冬は立冬（新暦十一月七日頃）から立春前日の節分（二月三日頃）まで。気候にまつわる多彩な表現が、日本の冬の厳しさをもの語ります。

時雨《しぐれ》

初冬に降ったり止んだりを繰り返す軽い通り雨のこと。夜に降るものは「小夜時雨《さよしぐれ》」といいます。

初霜《はつしも》

その冬に初めて降りる霜。地域によって異なりますが、東京では例年十二月中旬頃（新暦）に観測されます。

落葉《おちば》

秋に美しい紅葉を見せた落葉樹も、冬にはすっかり葉を落とします。しかし、地面を覆う落ち葉にも趣があります。

木枯《こがらし》

木の葉を散らす冷たい強風で「凩」と表現することも。冬の訪れを告げる風としてもなじみが深いものです。

柚《ゆ》子《ず》湯《ゆ》

冬至の日に柚子を浮かべた湯に入ると、その冬風邪をひかずに過ごせるという言い伝えがあります。

枯《かれ》野《の》

草枯れの冬の野原をいいます。荒涼とした冬景色は、ときに人生の晩年にも重ね合わせられます。

短《たん》日《じつ》

冬は日が短く、冬至の前後は特に早く日が陰り始めます。寒さも相まって、心細さが募る季節です。

凍《いて》風《かぜ》

凍りつくように冷たい冬の風。「寒風」という言葉もありますが、「凍風」のほうがより冷たく感じられます。

神《かみ》渡《わた》し

旧暦の十月初旬に吹く西風で、船乗りの間では諸国の神々を出雲《いずも》大社《たいしゃ》へ送る風とも。別名「神立風《かみたつかぜ》」。

小《こ》春《はる》日《び》和《より》

十一月から十二月の初冬に訪れる暖かな晴れの一日。春の言葉として誤用されがちですが、正しくは冬の言葉です。

冬《ふゆ》ざれ

冬になり草木が枯れ、景色の荒れ果てた様子をいいます。寒い冬の寂れた雰囲気が、上手く表現されています。

年《とし》用《よう》意《い》

大掃除や餅つきなど、昔は新しい年を迎える準備「年用意」が大切にされ、現代よりも年の瀬は慌ただしいものでした。

名《な》残《ごり》の空《そら》

一年の終わり、大晦日《おおみそか》の空のこと。行く年を振り返り、過ぎた時間、人との別れなど、さまざまに名残を惜しみつつ仰ぎ見る空です。

御《お》降《さが》り

正月三が日に降る雨や雪のことで、ありがたい神の恵みとされてきました。豊年になるとの言い伝えも。

初《はつ》御《み》空《そら》

元日の朝、新しい年に初めて見るおめでたい空。元旦の大空のこともさします。気持ちを新たに、清々しく眺めたいものです。

屠《と》蘇《そ》

肉桂《にっけい》、山椒《さんしょう》、桔梗《ききょう》などの薬草を、酒やみりんに浸した正月の薬酒。みんなで杯を酌み交わし、健康と長寿を願います。

寒《かん》の入《い》り

二十四節気《にじゅうしせっき》の小寒（新暦一月六日頃）から立春までの間を「寒」といい、その始まりが「寒の入り」です。

寒九《かんく》の雨《あめ》

寒の入りから数えて九日目に降る雨のこと。その年の豊作を予兆する雨といわれ、農家から歓迎されました。

風花《かざはな》

雪の降る場所から風に乗って飛んでくる雪のこと。雪が花びらのように空を舞い、風情があります。

銀花《ぎんか》

雪の別称です。雪の美しさはしばしば花にたとえられます。キラキラと輝きながら降る雪はまさに銀の花のよう。

垂《しず》り

木の枝などに降り積もった雪が、その重みによって滑り落ちること。冬の季語です。「垂《しず》り雪《ゆき》」は、木の枝や屋根から落ちる雪のこと。

初午《はつうま》

二月最初の午の日（新暦）をいいます。お稲荷《いなり》さんを祭る行事で、全国各地の稲荷神社で祭礼が行われます。

山《やま》眠《ねむ》る

「山笑う」春に対して、冬の山はまるで眠りについたように色を失います。その様子を表した言い回し。冬の季語です。

炬《こ》燵《たつ》

現在は電気式ですが、かつての炬燵は火を入れた炉を櫓《やぐら》で囲い、布団をかけて暖をとるものでした。素朴なぬくもりのある言葉です。

波《なみ》の花《はな》

冬の荒波が、岩場にぶつかるときに生まれる白い泡。特に奥能登《おくのと》の海岸でよく見られ、冬の風物詩となっています。

北《きた》颪《おろし》

冬の間、山から吹き下ろす強い北風のこと。冷たく厳しい風です。関東平野では「からっ風」とも呼ばれます。

三《さん》寒《かん》四《し》温《おん》

寒い日が三日続いた後、暖かい日が四日続くという、晩冬の周期的な天気の移り変わりを表す言葉。

御《お》神《み》渡《わた》り

長野県の諏訪湖《すわこ》で見られる自然現象。全面凍結した湖面が盛り上がり、氷の道となって湖を貫きます。

第五章

思いの言葉

待《ま》つ宵《よひ》

こんなときに…

静かな春の待つ宵でした。

「恋人を待つ夕方」

来るはずの人を待つ宵のこと。翌日の名月・十五夜を待つことから、旧暦八月十四日の夜をさす場合もあります。

思いなす人を待つ心のざわめきが、静かに聞こえてきそうな言葉です。今か今かと待つことを「待《ま》ち侘《わ》ぶ」「待《ま》ち嘆《なげ》く」といいます。なかなか現れない心細さ、いらだちが表れているようです。

そして、長い年月待ち続けることは「待《ま》ち渡《わた》る」といいます。

涙《なみた》にむす

こんなときに…

話の途中から涙にむす、様子が気の毒でした。

「涙で声がむせる」

声がむせるほどに泣く様です。涙にむせぶ、は現代でもよく耳にします。

涙に関する言葉は美しい表現が印象的です。「涙片手《なみだかたて》に」は涙ながら、という意味です。「涙の雨《なみだのあめ》」「涙の川《なみだのかわ》」は、涙が多く流れる様子を表しています。激しい涙といえるでしょうか。それにひきかえ「涙の糸《なみだのいと》」は、ひとしずくの涙が糸を引くようにスーッと流れる、静かな印象をもっています。

霧《き》る

こんなときに…

あまりの辛《つら》い別れに、霧るありさまでした。

「涙で目がかすむ」

涙で目がかすみはっきり見えない、目が曇るなどの意。まるで霧がかかったような状況がよくわかる言葉です。涙のことは「袖《そで》の露《つゆ》」「袖《そで》の時雨《しぐれ》」などといいます。着物では袖や袂《たもと》で泣き顔を隠すことから、涙を時雨にたとえたのでしょう。

涙に関する印象的な言葉では「紅《くれない》の涙《なみだ》」。血の涙のことです。心の奥底から絞り出すような迫力とともに、美しさも感じさせます。

心《こころ》妻《づま》

こんなときに…

これが私の心妻です。

「愛する妻」

心の中で愛しく思っている妻のこと。言葉から深い愛情と温かさが伝わってきます。

「斎《いは》ひ妻《づま》」は、身を浄めて夫の安全と幸福を祈る妻のこと。「斎《いは》ひ」には、心身を浄めて災禍を鎮める、の意があります。

「愛《は》し妻《づま》」はかわいい妻のこと、「花妻《はなづま》」という華やかな言葉は、花のように美しい妻をいいます。昔の男性は、さまざまな表現で愛する妻を讃えているようです。

うるせし

こんなときに…

あれこれと世話を焼いてくれ、非常にうるせし。

「気がきく」

気がきく、のほか、巧みである、すぐれている、などの意も。「心《こころ》付《つ》く」も気がつく、思いつくという意味。

「才《かど》才《かど》し」も同じ意味で、こちらは文字どおり才気があることをさします。「心《こころ》疾《と》し」も勘がよい、敏感だ、などから同じような意味に解釈できます。

その対義語は「心《こころ》鈍《おそ》し」。いかにも勘が鈍く、機転のきかない感じがします。

心《こころ》長《なが》し

こんなときに…

心長しと思っていたら、意外にせっかちだった。

「気が長い」

気が長い、心が変わらないのほか、のんびりした気持ちを表すことも。読んで字の如く、わかりやすい言葉です。これに対して「心短《こころみじか》し」は短気、あきっぽい、となります。

同じように見てわかる言葉に「心安《こころやす》し」があります。気楽とか安心、気安いの意。

その反対は「物難《ものむつか》し」で、気が重い、何となく気分がのらない、となります。

恋《こひ》草《ぐさ》

こんなときに…

いつの頃からか、
彼に恋草を抱きました。

「恋心」

恋心が募ることを、草の茂る様子にたとえた語。あふれる思いと、たくましく成長する草の姿、静かな中にも熱い生命力が感じられます。

このほか「心」は、さまざまに表現されています。外から見えないものなので「心《うら》」「心《こころ》珠《たま》」といった美しい呼称もあります。そんな心の様子や心持ちをさす言葉が「心《こころ》の色《いろ》」。複雑な心模様を色彩になぞらえた、味わいのある言葉です。

心恋《うらごひ》

こんなときに…

つい告白できず、
心恋が長く続いています。

「心の中で恋しく思うこと」

心の中で慕わしく思うこと。現代の「恋心」とは少し違うイメージを抱かせ、秘めたる思いが切々と伝わるようです。「思《おも》ひ恋《こ》ふ」も恋い慕う、恋しく思うことの意。恋心を抱き始めることを「恋《こ》ひ初《そ》む」といい、次第に心を寄せていく様を「傾《かたま》く」と表します。

こうしてみると、今よりも愛情表現が豊かで、繊細な恋心をうまくとらえているようです。

心《こころ》に乗《の》る

こんなときに…

あなたの姿が心に乗って、恋しい気持ちが募ります。

「心から離れない」「絶えず心にある」

　ある人への思いが片時も心から離れない様、人を恋しく思う気持ちを表す言葉です。

　人に思いを寄せることを「心《こころ》付《つ》く」といいますが、心に付いた思いが次第に大きくなり、やがて心の中を独占するようになる様子が、「心に乗る」という言葉からうかがえるようです。

　また、思いと同時に湧く不安や哀感で、心に重みが加わる様も表現しているかのようです。

笑《ゑ》み笑《ゑ》み

こんなときに…

赤ちゃんの笑み笑みした
顔がかわいらしい。

「にこにこ」

にやにや、にこにこなど、笑う様子を表した言葉です。その語感からも明るい笑顔の広がりを感じさせます。

「打《う》ち笑《ゑ》む」「笑《わら》らか」はほほ笑みを表します。喜んでにこにこ笑うのは「笑《ゑ》み栄《さか》ゆ」。まるで笑いが幸せを呼び込むような、おめでたい、陽気な印象の言葉です。

笑い崩れることは「笑《ゑ》みこだる」「笑《ゑ》み広《ひろ》ごる」といいます。

蜂《はち》吹《ぶ》く

こんなときに…

普段は冷静な人の蜂吹く様子に、思わず笑ってしまいました。

「ふくれっ面《つら》でブツブツ言う」

ふくれっ面をしたり、口をとがらせて不機嫌な様子を見せること。昔もこういう表情をする人がいたのでしょう。口の中でブツブツと不平を言う様は「つぶつぶ」と表現します。不機嫌は「物《もの》むつかり」といい、すねるという意味もあります。そして不機嫌な顔、しかめ面は「渋《じふ》面《めん》」。読んで字の如く、ご機嫌斜めのときは渋い表情になるのは古今を問わないようです。

おいらか

こんなときに…

彼女は何があっても
おいらかだ。

「落ち着いている」

穏やかでおっとりしている様。おとなしい様子。その語感から、ゆったりとした印象を受けます。

落ち着いた心は「静心《しづごころ》」。反対に落ち着かないことを「憧《あくが》る」といい、元の所を離れて外へ浮かれ出るという意味があります。

落ち着かない様子を表す言い回しには「せはせは」「其処其処《そこそこ》」「ふいふい」などがあり、どれも気ぜわしさや、浮わついた感じが伝わってきます。

奥《おく》床《ゆか》し

こんなときに…

話を聞くほどに、彼のことが奥床しい、奥床しい、と思った。

「知りたい」

奥にあるものが知りたい、といったニュアンスをもつ言葉です。真意や真実などを聞きたい、という気持ちでしょうか。「床《ゆか》し」には、知りたい、聞きたい、見たいなどの意味があります。

知るに関する言葉で、小耳にはさむことを「聞《き》き付《つ》く」。事情を知ることを「心知《こころし》る」といい、状況を察する様子が伝わります。「白化《しらば》け」はしらばくれる、空とぼけること。「白化けないでよ！」と使えそうです。

しゃなり声《ごゑ》

こんなときに…

いきなり、しゃなり声が聞こえてきたので驚きました。

「怒鳴り声」

男らしくない、なまめいた声という、おおよそ正反対の意味も併せもちます。

現代でも体をくねらせ気取って歩く様を「しゃなりしゃなり」といいます。

怒鳴り散らすことは「どしめく」といいます。声に関する言葉で、絞り出すような苦しげな声は「蟬声《せみごゑ》」。こんこんと咳《せき》をする様は「ごつごつ」といい、咳払いをして相手の注意を引くことを「声作《こわづく》る」といいます。

思《おも》ひ放《はな》つ

こんなときに…

誰もが思ひ放つような

態度らしい。

「愛想をつかす」

ある人にかけていた思いを手放す、という意味のようです。匙を投げたような、あきらめの気持ちが伝わります。

愛想のいいことは「愛敬《あいきやう》」といい、これは現代にも通じるところがあります。

「愛愛《あいあい》し」といえば、とくに若い女性の愛敬があること。その反対に愛敬がないことは「けんけん」や「直直《すぐすぐ》し」といい、素っ気なく、つっけんどんな様を表します。

入《い》り揉《も》む

こんなときに…

私には入り、揉むことしかできません。

「祈る」

ひたすらに祈ること。気をもむという意味もあり、何かを一心に思い続ける点は共通しています。

現代でも神社やお寺などで願掛けをしますが、これを「祈《き》誓《せい》」といい、神仏に祈って誓いをたてる様がそのまま言葉になっています。

また、家内安全や交通安全などでおなじみの加持祈祷のことは、「修《しゅ》法《ほふ》」といいます。

美《いつ》し

こんなときに…

容貌はもちろん、
立ち姿も美しい。

「美しい」

もともとは「威厳があり堂々と立派だ」という意味から、容姿や態度がすぐれている、美しい、となった言葉です。読み方が違うだけで、現代にも通じるものです。

また、「麗《うるは》し」は、きちんと整った美しさを表します。「麗人」など、こちらも今に生きている表現です。美しい顔は「美《び》相《さう》」。美しい声は「妙《めう》音《おん》」。

玉を敷き並べたような美しい場所を「玉《たま》敷《し》き」といいます。

思《おも》ひ見《み》る

こんなときに…

こうして思ひ見ると、あの頃のことが目に浮かびます。

「思いを巡らす」

よく考える、あれこれ考える。意識の中の、ある一点を見つめながら、思いを馳せる趣があります。

「思《おも》ひ入《い》る」は思い詰めること。思いにとらわれて、その中に沈み込んでしまうような印象を受けます。

ほかに思いに関する言葉では、思いどおりを意味する「案《あん》の如《ごと》く」、思いやることをさす「汲《く》む」などが、現代の感覚にも通じるものをもっています。

敢《あ》へ無《な》し

こんなときに…

突然のことで、
私も敢へ無しです。

「がっかり」

張り合いがない、あっけないの意から、がっかり、気落ちなどを表します。がっかりする、気落ちするは「思《おも》ひ頽《くつ》ほる」「思《おも》ひ屈《くっ》す」などと表現し、「頽ほる」自体にも、気落ちするの意味があります。気落ちした様子をさす言葉には「くれぐれ」「しほしほ」などがあります。「しほしほ」のもつ、しょんぼり、しょぼしょぼといった情けないニュアンスが、語感から伝わります。

観《くわん》念《ねん》

こんなときに…

ここにきて私も、
観念しました。

「覚悟」

覚悟、あきらめ。現代でも「観念した」という言い方で、あきらめがついたことを表します。覚悟する、あきらめるは「思《おも》ひ切《き》る」ともいい、踏ん切りがついた様子が伝わります。

「胴《どう》据《す》わる」は腹がすわる、つまり覚悟を決めることです。

決死の覚悟、捨て身を表す言葉は「死《し》に身《み》」「死《し》に設《まう》け」。

現代の感覚では、怖ろしいような緊張感を含んでいます。

匿《しな》む

こんなときに…

あの人に、この件を匿むこと
はできません。

「隠す」

おし包むの意も。現代では「匿名《とくめい》」というときに使われる文字です。このほか「覆《おほ》ふ」にも押し包む、隠すなどの意味があります。

内緒話は「忍《しの》び言《ごと》」、隠し事や秘密は「忍《しの》び事《ごと》」と書きます。隠しきれないことは「忍《しの》び余《あま》る」といい、語感から様子がうかがえます。「ふける」は身を隠す、逃げるなどの意。「授業をふける」というフレーズが、以前はありました(笑)。

恨《うら》み

こんなときに…

いくら後悔してみても、
恨みは消えない。

「悲しみ」

嘆きや悲しみを表します。現代と同様に憎しみや怨恨といった意味もあるようです。

平安時代一流の女流歌人で、恋多き女性としても知られた相模《さがみ》には「うらみわび　ほさぬ袖だに　あるものを　恋に朽ちなむ　名こそ惜しけれ」という歌があります。恨みで流す涙で袖が乾くひまもないことも口惜しいのに、この恋で私の評判まで落ちるのが残念です、という意味です。

頑《かたくな》

こんなときに…

思った以上に
頑な人です。

「頑固」

現代にも通じる言葉です。頑固で片意地な様、偏屈、融通がきかないことをさしています。「強《こは》し」という言葉にも頑固、強情といった意味があります。

無理やりに我を通すことを「横紙《よこがみ》を破《や》る」といいますが、これは漉《す》き目が縦の和紙は横へ裂きにくいことから、無理を押し通すことを表します。ちなみに、我を折ることは「思《おも》ひ弱《よわ》る」で、いかにも弱気になった状態がわかります。

燃《も》え焦《こ》がる

こんなときに…

彼女のほうが積極的で、燃え焦がる様子でした。

「恋い焦がれる」

火に焼けて焦げるの意味もあるので、激しく、情熱的な愛、まさに身を焦がす恋なのでしょう。くすぶるという意味の「薫《くゆ》る」も、恋い焦がれる様をさす場合があります。それが片思いならば「片恋《かたこひ》」や「片心《かたごころ》」となり、互いに恋い慕っているならば「諸恋《もろごひ》」となります。

やがて恋が成就すれば、ふたりは恋人、愛する人＝「思《おも》ふ人《ひと》」となります。

心《こころ》寄《よ》す

こんなときに…

彼の献身的なやさしさに、いつしか心寄すようになりました。

「好意を寄せる」

好意をもつ、ひいきにするなどの意。「心を寄せる」という表現が、人に好意を寄せるときの温かく、やさしい気持ちを思い出させてくれます。手触り感のようなものがある言葉です。

好意自体は、「志《こころざし》」などと表現します。好意から次第に慕わしい気持ちになることを、「思《おも》ひ懸《か》く」や「心《こころ》掛《か》く」といいます。

思う人に心を懸け結ぶときの、希望や願いが感じられます。

思《おも》ひ苦《ぐる》し

こんなときに…

何もできない自分が思ひ苦し、と彼女は言っていました。

「苦しい」

辛《つら》い、切ないといった苦しさを表します。「辛《から》し」「悩《なや》まし」にも辛い、苦しいなどの意味があり、「悩《なや》ましがる」といえば、苦しい思いをする、となります。いずれも現代の感覚に近い使い方です。

「切《き》り目《め》に塩《しほ》」という言葉は、傷口に塩をつけるとひどく痛いことから、苦しみが増すとか、身に染みて感じる、といったときに使います。

心《こころ》化《げ》粧《さう》

こんなときに…

日頃から失礼のないよう、心化粧しています。

「心がけ」

心構えをすることです。化粧という言葉に、心づくろいをする気持ち、心を改めて準備する状態がうまく表れています。

同じような心づもり、心の準備といったニュアンスの言葉には「心入れ《こころい》」「心馳せ《こころば》」「心設け《こころまう》」などがあります。

どれも何かを心に留《と》めて、備える様子が、現代の言葉づかいの感覚でもうかがい知れます。

思《おも》ひ解《と》く

こんなときに…

最近、人はみな孤独と
思ひ解くようになりました。

「悟る」

意中を察する、などの意。悟るということは、ただ知るというよりも深い洞察力と理解が必要です。思いを解く、という言葉はそんな状況を的確に表現しているようです。

このほかにも「思《おも》ひ取《と》る」「思《おも》ひ知《し》る」なども同じ意味です。「思ひ知る」には、しみじみと悟るというニュアンスもあります。仏教の真理を悟る「悟《さと》り」のことは、仏教用語で「覚《かく》悟《ご》」といいます。

思《おも》ひ限《かぎ》る

こんなときに…

もうあの人のことは、思ひ、限ることにしました。

「あきらめる」

見切りをつける、思い切るという心情がよく表れ、現代の感覚でもニュアンスが伝わります。「思《おも》ひ消《け》つ」には、強いて忘れるの意味があり、本心とは裏腹にあきらめるような感じもあります。「思《おも》ひ閉《と》ぢむ」も、思い切るの意味ですが、そこには静かなあきらめの心境が伝わってくるようです。

仕方なくあきらめることは「術《じゅつ》無《な》し」「所詮《しょせん》無《な》し」などと表現するようです。

気《き》丈《ぢやう》

こんなときに…

女性でも物に動じない、なかなか気丈な方です。

「気持ちがしっかりしている」

気丈夫な様子。この言葉は「気丈に振る舞う」などと、現代でも使うことがあります。

「心勝《こころまさ》り」「利心《とごころ》」「健《したた》か」にも同じような意味があります。現代の計算高い、ずるいといった「したたか」とは、ややニュアンスが違うようです。

「長長《をさをさ》し」という言葉も、大人びている、物慣れているの意から、心持ちのしっかりした様子を表します。

嫋《たを》やか

こんなときに…

身のこなしが嫋やかで
女性らしい。

「しなやか」

立ち居振る舞いが優雅、しとやか、という意味もあります。やわらかく、しなやかな、女性らしい所作をイメージさせます。「たをたを」というかわいい響きの言葉は、しなやかな様子を表します。「なよびか」「なよらか」「なびやか」などもしなやかな様をさし、ソフトな語感が印象的。「手弱女《たわやめ》」は、なよなよとして、しなやかな女性のこと。今にもくずおれそうな、か弱い女性が想像されます。

甚《いた》し

こんなときに…

今度の作品のできばえは甚しいと思います。

「素晴らしい」

すぐれている。甚《はなは》だしいなどの意味もあり、現代の感覚に近い使い方のようです。「言《い》ひ知《し》らず」は、ふさわしい言葉がないの意で、よくも悪くも程度の甚だしいことを表します。「双《さう》無《な》し」は、ふたつと無いことから、比類ない、最上などをさします。

「斜《なの》め」は普通だ、平凡だ、ということ。これが「斜《なの》めならず」となると、並ひととおりでない、格別だ、という意味になります。

松《まつ》の葉《は》

こんなときに…

ほんの松の、松の葉です。
お受け取りください。

「寸志」

他人への進物の謙譲語です。チップというよりも、優雅で洒落た語感があります。心付けのことは「手当《てあ》て」や「間水《けんずい》」といいます。間水には、おやつ、昼食のほか、僧たちの隠語で酒の意味もあります。

寄付のことは「勧進《くわんじん》」「勧化《くわんげ》」といい、歌舞伎十八番のひとつ「勧進帳《かんじんちょう》」はよく知られています。古くは寺社の建立や修復のために、寄付を募ることが多かったようです。

面《おも》起《お》こし

こんなときに…

今回は失敗しましたが、次の機会には面起こしを期します。

面目をほどこす、名誉を回復すること。

「面《おもて》」には顔のほかに、面目という意味もあり、そこから体面に関わる言葉が多く見られます。「面《おもて》を曝《さら》す」は、恥をさらすこと。「面《おもて》を伏《ふ》す」は、面目をなくす、顔をつぶすことです。

「面起こし」と似たような意味で、「垢《あか》を抜《ぬ》く」があります。

「雪辱《せつじょく》」

無実の汚名をそそぐことの意味です。

憂《う》し

こんなときに…

喜びよりも、憂しいと思う気持ちが勝っている。

「切ない」

自分の思うようにならないときに感じる辛《つら》さ、苦しさ、切なさを表します。「憂《う》き節《ふし》」は辛いことや苦しい立場のこと。現代の「憂き目」と同じ意味になります。「憂《う》き身《み》」は、辛いことの多い身の上のことで、やつれるような状況になることも。ここから、やつれるほど物事に熱中することを「憂き身をやつす」と現代ではいいます。「心《こころ》苦《ぐる》し」「遣《や》る方無《かたな》し」も、切ない、をさす言葉です。

思《おも》ひ遣《や》る

こんなときに…

一年後の事業が軌道にのっているい様子を思ひ遣る。

「想像する」

推し量る。その語感からも何かに思いを馳せる、思いを巡らせる、というような印象を受けます。

思いがさらにふくらむと、イマジネーションの世界が広がっていくのでしょうか。

「思《おも》ひ懸《か》く」には想像する、さらに、予想するの意味も。予想どおりになることは「著《しる》し」、予想に反することは「引《ひ》き違《たが》ふ」、予想外のことは「案《あん》の外《ほか》」といいます。

傅《かしづ》く

こんなときに…

生まれた子猫たちは、
すべて傅くことにしました。

「大事に育てる」

大切に守る、世話をやくなどの意。「傅《かしづき》娘《むすめ》」といえば、大切に育てられた娘さんのこと。ひと昔前なら、深窓の令嬢や箱入り娘といったところでしょうか。

心を込めて育てることは「傅《かしづ》き立《た》つ」といいます。

「生《お》ふ」「生《お》ほす」にも大きく成長する、養育する、大切に育てるなどの意が。「生ふ」は、生まれる、草木などが生《は》えることを表す場合もあります。

尊《たふと》し

こんなときに…

友情は尊い、と実感するこの頃です。

「大切だ」

立派だ、価値がある、などの意。現代でも同じように使われています。ただし、大切や大事という言葉よりも、尊しのほうが相手（対象）への敬意や誠意を感じさせます。

大切な人を「仏《ほとけ》」といい、「守《まも》り居《ゐ》る」は大切にしている、という意味です。大切なものは「命代《いのちが》はり」といい、生命にかえられるほどの大切さを表しています。古人は、親子や夫婦の関係をいったのでしょうか。

庇《たば》ふ

こんなときに…

私のすることが、みなさんを庇ふことになれば幸いです。

「助ける」

現代語のかばう、保つの意味もあります。「頼《たよ》る」は頼みとする、助けにすがること。「見《み》継《つ》ぐ」には力を合わせて助ける、助勢するなどの意が。今ならフォローするという感覚なのでしょうか。

助け合うことは「引《ひ》き合《あ》ふ」といい、力を合わせて事をなす、密接な関係が表れているようです。この言葉には、取り引きするという意味もあります。

心《こころ》置《お》く

こんなときに…

細部にまで、
心置くようにしています。

「注意する」
「用心する」

気をつけること。心を集中させて、用心深く行動する様子を感じさせます。「心す《こころす》」も同じ意味で、現代でも「心して～する」などと用います。

注意して聞くことを「耳立《みみた》つ」といい、耳をそば立てて傾聴する様子が語感からうかがわれます。これに対して、注意を与えることや警告することは「心付《こころづ》く」「戒《いまし》む」などと表現します。

あいなし

こんなときに…

頑張っても成果が上がらず、いい、あいなし、と感じていました。

「つまらない」

面白味がない、味気ないこと。愛なし、合いなしなど、かなづかいは不明のようです。「味気《あぢき》無《な》し」も同様の意味をもちます。「言《い》ひ甲斐《がひ》なし」は、いうだけの価値がないの意から、つまらないものなどをさすときに用います。

「芥《あくた》もくた」は「芥《あくた》と藻屑《もくず》」のことで不用のもの、つまらないものをさします。ちなみにつまらない歌（和歌）を、ずばり「歌屑《うたくづ》」といいます。

叶《かな》はず

こんなときに…

私ではとても叶はず、まわりにフォローを頼みました。

「手に負えない」

「叶《かな》ふ」は願望どおりになる、思いのままになる、の意。それに対して「叶はず」は、手がつけられない状態を表します。乱暴な様をさす「不用《ふよう》」も同じニュアンスです。

性質がよくない「さがなし」から、手に負えない人を「さがな者《もの》」といいます。困って手をこまぬいている状態は「手《て》を束《つか》ぬ」。傍観して何事もせずにいる状態です。

掌《たなごころ》

こんなときに…

掌でやさしく
小鳥を抱きました。

「手のひら」

手の心、という意味が転じた言葉。たしかに手のひらには、何かを感じる力があるような気もします。「たなそこ」「たなうら」と読む場合も。

「掌《たなごころ》を返《かへ》す」といえば、物事の非常にたやすいことのたとえです。

手に関して、手首や腕は「手《た》房《ぶさ》」、手の先のことは「手末《たなすゑ》」や「手《て》妻《づま》」といいます。手妻には手品の意味もあり、「手《て》妻《づま》遣《つか》ひ」といえば手品師のことです。

綻《ほころ》ぶ

こんなときに…

そのひと言で、
ふたりの関係が綻びました。

「緊張が解ける」

口を開けて笑う、花が開くなどの意味があり、ある固まった状態が解けて、良好な様子に変化することを比喩しています。

「心解《こころと》く」も心が打ち解けるの意で、緊張が弛《ゆる》む様子や、妙な遠慮がなくなることを示しています。緊張感がなくなり気が抜けた状態は「空《うつ》く」。中が空《から》になる、ぼんやりするなどの意です。たわけ者をさす「空《うつ》け者《もの》」なら、時代劇のセリフで聞いたことがあるかもしれません。

酢《す》の蒟《こん》蒻《にゃく》の

こんなときに…

この期に及んで、酢の、蒟蒻の、と言い逃れしている。

「なんだかんだと」

「酢だの蒟蒻だの」と表現することも。

屁理屈を述べたて、言を左右する様子。四の五の、なんのかんの、などと同じ意味です。

意外なもの同士の取り合わせと語感から、一度聞いたら忘れられない言葉です。

現代語で同じようなニュアンスの「あれやこれや」をさす古語には、「千千《ちぢ》分《わ》くに」「とやかくや」「方方《かたがた》」「何《なに》くれ」などがあります。

思《おも》ひ

こんなときに…

あの人にそんな思ひがあるとは、
知りませんでした。

「悩み」

物思い、心配などの意も。「心惑《こころまど》ひ」は、悩みながら途方に暮れる様をいいます。悩みというと暗く重い印象ですが、「思ひ」「心惑ひ」と呼べば、少しだけ気が軽くなるような気がします。

悩みに沈む様子は「伏《ふ》し沈《しづ》む」、悩み煩《わずら》うことは「泥《なづ》む」。

悩みの種のことは、ストレートに「持《も》て悩《なや》み種《ぐさ》」といいます。

そこはかと

こんなときに…

さしたる理由もなく、いかいか、そこはかと決めてしまいました。

「なんとなく」

とりとめもなく、の意。

「そこはかとなし」といえば、どこということもなく、なんということもなくの意味で、場所や原因、理由がはっきりしない場合に用います。大和言葉特有の、やわらかな、やさしい語感が印象的です。

無意識でなんとなく、という場合には「心にもあらず」と表現します。思わず知らず、思いがけず、といった意味です。

時《し》雨《ぐ》る

こんなときに…

彼女の時雨る様子は、見ていられませんでした。

「涙で濡れる」

時雨の意味のほか、涙をこぼすこともいいます。秋から冬のさびしい雨のにおいがする言葉です。潮水に濡れることをいう「潮《しほ》どく」にも、涙に濡れるの意が。涙の味が潮と結びついたのでしょうか。潮で社会の厳しさを表す言葉もちらほら。「潮《しほ》が浸《し》む」は、世間の辛《つら》さが身に染みること。「潮《しほ》を踏《ふ》む」は、世間へ出て苦難を経験すること。涙と潮と世間。甘くはない、という共通項があるようです。

宿《しゅく》意《い》

こんなときに…

独立して小さな会社を起こすことが宿意でした。

「かねてからの望み」

年来の志望のほか、日頃の考えや望み、長年の怨みなどもさします。

現代では「宿願を達する」などの言い回しで、似たような意味を表します。反対に、そうした望みがとても叶いそうもない場合は「雲《くも》に懸《か》け橋《はし》」などといいます。

望みと関連して目的を表す言葉には「当《あ》て所《ど》」「志《こころざし》」などがあります。当て所は「あてどなく」と、今でも使います。

挑《いど》む

こんなときに…

A社に対して、正々堂々と挑むことになりそうです。

「張り合う」

競争すること。人と人の真剣勝負が行われた昔は、張り合うことを表す言葉に凄みがあります。「争《あらそ》ふ」、「競《きほ》ふ」なども同じ意味。現代でも通用する言葉が目立ちます。「からかふ」には相手を弄《もてあそ》ぶと同時に、負けまいと張り合う、という意味もあります。競争相手のことは「敵《かたき》」や「仇《あた》」といいます。

今なら仕事や恋のライバルですが、強烈過ぎて、現代では使えそうにありません。

面打《つらう》ち

こんなときに…

あの人の面打ちにも慣れてきました。

「皮肉」

あてこすり、あてつけ。現代の「面当《つらあ》て」に近い感覚でしょうか。

このほか「当《あ》て言《こと》」「ねすり言《ごと》」なども同じ意味です。

どの言葉も不思議と、初めて見ても意味がわかるような語感をもっています。

「当《あ》て当《あ》てし」といえば、あてつけがましい、皮肉っぽい、ということ。なんとなく憎々しい響きが笑いを誘います。

事《こと》無《な》し

こんなときに…

長い旅ですから、事無しを心より願っています。

「無事」

何事もない、平穏無事だ、の意。ただ無事というよりも、つつがなくという気持ちが真摯に伝わるような印象です。「平《たひ》らか」も平穏だ、順調だの意。これも静かでやさしい響きです。現代も無病息災などと使われる「息災《そくさい》」も無事なことをさします。何事もなく、そのままで変わらず、といった気持ちを表すのが「幸《さき》く」。相手の幸せを願う心が言霊《ことだま》にこもっているようで、使ってみたくなる言葉です。

固《かた》む

こんなときに…

子どもたちを固むこと、それを第一に考えなければなりません。

「しっかり守る」

守備する、警護する、約束をしっかり守るなどの意。人や物、約束を守ることへの強い覚悟が表れる言葉です。

「抱《かか》ふ」「守《まぼ》る」といった言葉も同じ意味をもちます。「守る」は、見守ることもさします。

たんに「守《まも》り」といえば、守護神やお守りのこともさします。「宿守《やども》り」は家の番をする人、留守番のことです。

阿漕《あこぎ》

こんなときに…

それはあまりにも
阿漕な仕打ちです。

「無慈悲」

貪欲で無慈悲なこと。現代では「阿漕《あこぎ》な商売」などといえば、強欲かつ悪どい手法で儲けるイメージがあります。

このほか、「邪見《じゃけん》」には残酷・無慈悲な様、「無得心《むとくしん》」にも不人情や無慈悲といった意味があります。

無慈悲は情け容赦ないという点で薄情につながりますが、貪欲が転じた「胴欲《どうよく》」は欲が深い様とともに、薄情な様も言い表します。

相《あひ》語《かた》らふ

こんなときに…

ペットの話から意気投合して、
相語らふようになりました。

「交際する」

親しく交わる、語り合うの意。その語感からも、人と人の距離の近さを感じさせます。相語らう友など、使ってみたくなる言葉です。

「断金《だんきん》」は易経《えききょう》の言葉で、金《きん》をも断ち切るような固い関係のこと。親密な交際や厚い友情をさします。その反対に交際が絶えることは「仲絶《なかた》ゆ」。「絶《た》つ・断《た》つ」は関係をやめる、といった意味などに使います。

口《くち》遊《ずさ》び

こんなときに…

いつのまにか、ふたりの関係が口遊びになっていました。

「話題」「噂」

話の種のこと。現代の「歌を口ずさむ」につながる言葉ですが、古語では詩歌などを心に浮かぶまま吟じることを「口遊《くちずさ》ぶ」といいます。「扱《あつか》ひ種《ぐさ》」「言《こと》種《ぐさ》」なども同様の意味。まさに「種」から話の華が咲くようです。

「茶《ちゃ》飲《の》み種《ぐさ》」といえば茶飲み話、世間話のこと。今ならさしずめ、カフェでの語らいなどをさすのでしょうか。

利《き》く

こんなときに…

目立たないところで、あの人の働きが利いています。

「役に立つ」

機敏に働く、役立つこと。役立つことがより強調されるような語感があります。役に立つことを「益体《やくたい》」、「益体無《やくたいな》し」は役に立たない人や物をさします。さらに、役に立たない人を「散木《さんぼく》」ともいいます。役に立たない木から転じた言葉です。

「木偶《でく》」は操り人形やそれをつかう芸人のことですが、役に立たない人も表します。今でも耳にする「木偶《でく》の坊《ぼう》」も、同じ意味です。

立《た》ち添《そ》ふ

こんなときに…

これからはお互い、立ち添ふように生きていきましょう。

「寄り添う」

付き添う、添うの意も。寄り添うと同様に、人のぬくもりを感じさせる言葉です。

「添《そ》ひ付《つ》く」「羽《はね》を交《か》はす」も同じ意味。「羽を交はす」は二羽の鳥が羽を並べた姿「比翼《ひよく》」の意味で、夫婦が仲睦まじく寄り添う姿を表すとか。

寄り添う二人がもたれかかる様子は「押《お》し掛《か》かる」「立《た》ち掛《か》かる」などと表現します。

参考文献

『大辞林』第二版　三省堂
『新歳時記』増訂版　高浜虚子　三省堂
『角川新版 古語辞典』角川書店
『岩波古語辞典 補訂版』岩波書店
『美しい日本語の辞典』小学館辞典編集部編　小学館
『品よく美しく伝わる「大和言葉」たしなみ帖』吉田裕子監修　永岡書店

本作品は、当文庫のための書き下ろしです。

日本の言葉研究所
（にほんのことばけんきゅうじょ）
古語、現代語——日本語に関心を持つ者たちの集団。ワークショップ、研究会などを不定期で開催する。
『こんな時どう言う!? 得するモノの言い方』（朝日新聞出版）、『暦のある暮らし——旧暦で今を楽しむ』（大和書房）などの執筆に携わる。

だいわ文庫

覚《おぼ》えておきたい　美《うつく》しい大和言葉《やまとことば》

著者　日本《にほん》の言葉研究所《ことばけんきゅうじょ》

二〇一六年一月一五日第一刷発行

発行者　佐藤 靖
発行所　大和《だいわ》書房
東京都文京区関口一－三三－四 〒一一二－〇〇一四
電話 〇三－三二〇三－四五一一
フォーマットデザイン　鈴木成一デザイン室
本文デザイン　三木俊一（文京図案室）
編集協力　児玉光彦　高野 愛
校正　橋本史子
本文印刷　厚徳社
カバー印刷　山一印刷
製本　ナショナル製本

ISBN978-4-479-30572-9
乱丁本・落丁本はお取り替えいたします。
http://www.daiwashobo.co.jp